流行歌の情景

歌詞が紡ぎだすもの

久米勲

田畑書店

目次

流行歌の情景

歌詞が紡ぎだすもの

私歌謡

流行歌が好きだ。いわゆる演歌（艶歌・怨歌）だ。四七《よな》抜き（七音階からファとシの二音が抜けた五音階。ピアノの黒鍵がほぼそれに当る）の曲もぼくの心に何の抵抗もなく滲み入る（ちなみに、沖縄の民謡は二六抜き、レとラの二音が抜けた五音階で出来ている）。酒、涙、女、恋、ため息などといった月並な詞も、下らないとは思いつつも、素直に受け入れている。子供の頃、蓄音機のない我家では、ラジオ（当時はＮＨＫしかなかった）の歌番組を待って一所懸命に覚えたものだった。一度流れた歌が気に入ると、次に放送されるのを待ち、聞きながら歌詞を筆記する。次には、書きうつした詞の間違いを直しながら曲を記憶する。四度目には、ほぼ完全に覚え、歌えるようになっていたものだった。

戦後の青少年たちが憧れたジャズやハワイアンといった曲は、まったく好きになれなかった。大体、音楽そのものに、ぼくは興味がなかったようだ。単純に四七抜きの和旋律がぼくの資質に適《あ》っていたということはあるのだろうが、今考えてみると、曲が良いというより、歌い手と歌詞が、ぼくを惹き付けたのだと思う。青木光一、岡本敦郎、並木路子、美空ひばり、島倉千代子、三橋美智也、春日八郎、藤山一郎、奈良光枝、渡辺はま子、小畑実、岡晴夫……挙げていったらきりがない。子供の頃、ラジオの歌番組を待ちわびていた頃の歌い手たち。

おそらく、戦後の闇市を覚えている最後の年代がぼくらだろう。昭和二十一年のヒット曲、サトウハチロー作詞、万城目正作曲といえば、そう、「リンゴの歌」。その替歌は、幼いながら、ぼくにはうなずける詞だった。

青いリンゴは　露店に並び
だまって見ている蒼い顔
リンゴは何も言わないけれど
お客の気持はよくわかる
リンゴ高いや高いやリンゴ

これは親戚のお兄さんから教えられた替歌だ。『日本流行歌史』（社会思想社刊）には、

赤いリンゴの露店の前で
黙ってみている青い顔
リンゴの値段は知らないけれど
リンゴのうまさはよくわかる
リンゴ高いや高いやリンゴ

の替歌が載っている。インフレに追いつかない庶民の感情が、どちらの替歌にも充分以上にあらわれている。哀しくも、しかしどこか逞しさが感じられる詞ではないか。いつの時代も、庶民は、そうだ。

終戦となり、疎開先の長野県伊那から埼玉県所沢に帰ったのが昭和二十年秋だった。母と祖母の折合が悪く、所沢を出て豊島区千早町の四畳半一間のアパートに親子四人で暮らすようになったのが二十一年七月。

一年弱の所沢の生活は、ぼくたち子供には、何の苦労もないものではあったが、人一倍気の強い母にとっては、いわゆる嫁姑の争いで、毎日はどうにも居たたまれぬものだったようだ。

四畳半一間の親子四人の生活、今の若い人たちに想像できるだろうか。共同だが、一応水洗便所があった。しかし便器に流す水道は故障しているため、防火用水桶に溜めた水をバケツで流す。小さい子供にとっては大変な力と技術を必要とした。

米はもちろん、ほとんどの品物が配給。マーガリンの配給もあった。庖丁というより、ノコギリで斬らなくてはならないほどの堅い一山から一塊りを切り取ってくれるオジサンの姿を今でも覚えているのだから、不思議だ。

戦後の様子をここでいくら思い出しても仕方ない。今挙げた「リンゴの歌」の替歌が、いかにリアルだったか、ということの話としてふれたままでである。

それよりも、幼いぼくの心に強く残ったのは、千早町のアパートから時々遊びに行く所沢の風景だった。進駐軍のことだ。所沢には飛行場があったため、連合軍が進駐していた。夜は探照灯《たんしょうとう》が空に光った。その進駐軍のアメリカ兵（連合軍とはいっても、百パーセントがアメリカ兵だった）と相手の女たち（通称パンパン）から発せられる持てる者たちの、日本人はすべて乞食だと見なすような驕慢にして傲慢な態度、行動に、就学したばかりだったぼくは、一人憤慨していた。

所沢駅前にジープに乗った米兵と女たちが、哄笑と嬌声の入り混じった声を振りまきながら入ってくる。そこには、幼な子から小学校高学年くらいまでの子供が待ちかまえている。ジープ上の彼らは子供たちに向かってガム、チョコレート、ビスケットなどをバラ撒くのだ。子供たちはそれを我勝ちに拾い、一つでも、一カケラでも多く得ようと必死になる。それをたまたま見ていたぼくは、この屈辱に耐えられなかった。オレは、飢えて死んでも、このような恥かしいことはしない、そう心に刻みつけた。

もちろん、ぼくは幸せなことに飢えてはいなかった。親に感謝しなくてはいけないだろう。まかりまちがえば、あの子供たちとぼくとは、逆の立場になっていたかもしれない。

それにしても、ぼくはアメリカがそれ以来嫌いになった。佐々詩生詞、上原げんと作曲の「東京の花売娘」三番の歌詞は、今でも不快になる。

粋なジャンパーの　アメリカ兵の
影を追うよな　あまい風

流行歌というのは、聞く人によって受け取り方が異なる。「東京の花売娘」だって、戦時中の暗い、苦しい時を過ごしてきた大人たちは、晴れやかな明るい時の到来を喜ぶ発露として歌っていたと思う。「リンゴの歌」は、日本全国にまさに戦後の解放感を味わわせてくれただろう。しかし、そのリンゴ一つも買うことのできない人にとっては、替唄の方が、親しめたにちがいない。それが流行歌というものだ。だから、「懐かしのメロディ」のような歌番組が成りたつ。懐かしい歌を聞くと、その時の自分のありようを思い出し、自ずと涙してしまうことさえある。

「私小説」は、日本独特の文学形態だ。この小説は、作者の私事を書くことで文学的欲求を表現し、読者にもそれを感得してもらうという、作者のある種エゴイズムを満たすとも言える文学である。別に、私小説否定、批判をしているのでも、するつもりもない。この『私〇〇』という奇妙というか便利な言葉をつかって、流行歌を一言で規定したい。

「私歌謡」

これがそれだ。しかし、この「私歌謡」は、「私小説」とは一八〇度異なっている。書き手、作り手の「私」ではなく、受け手、聞き手の「私」である。それが、重要だ。

八代亜紀の歌のファンの多くが、ある時期、トラック野郎たちだったことがある。彼らが言うには、「俺たちの心を歌ってくれているんだ」ということだった。

港や酒場の街の女が、別れていった男を想い、せつなく悩むその姿を、ちょっとカスレた声、厚化粧したような白い肌の八代亜紀が歌う。まるで、昨日一夜を明かしたあの街道の夜の女、淋しげな町角の飲屋の娘、港町の片隅に小さく灯った軒灯のスナックのママ、そうした女たちが、ハンドルを握って夜の街道を飛ばす野郎たちに語りかけてくるように思える。遠くに見える街の灯の一つは、俺が昨夜を共にした女の家だ。この歌の中の女のように、俺を恋しく想って眠れぬ夜を過ごしているに違いない。

テレビドラマの終りに「このドラマはフィクションであり、実在の事件とはなんの関係もありません」といった内容のテロップが流れる。自分のことをドラマに取り上げているんだと勝手に思いこんでテレビ局に電話をかけてくる視聴者がいるのだという。まさに、「私歌謡」ならぬ「私ドラマ」だが、こういう人たちの思い込みを防ぐためのテロップだそうだ。流行歌ファンの心情は同じようなものだ。

クラシックや現代音楽、いわば純音楽といったものから見たら、音楽としては決して高度なものではないだろう。いや、むしろ低いと言った方がいいかもしれない。それでもいまだに歌いつがれ、人々の心に拭い切れないものを遺していく流行歌、歌謡曲。何故ぼくがそういう歌にひかれ、カラオケで歌いつづけるのか。子供の頃、一回聞いて覚えようと思った歌は、何を基準にそう思ったのだろう。歌い手や詞が、ぼくの好みに適っていたというしかないのだろうし、今もそれしかない。ではそれが実際、どんなものであったのか、それを考えて行きたい。きっと、非常に自分勝手、我田引水、牽強付会な代物になっていくだろうことは、書く前から断言できる。しかし、流行歌、歌謡曲というのは、本来、そういう受け入れられ方をしてきた。我儘な、ファンの心情だ。

繰り返し

昭和二十年代から三十年代にかけて、ぼくがラジオの歌番組を待ちつづけた頃、今のようにJ・POPとかロックとかいう、ぼくにはよく感じとることのできない歌は無かった。ジャズ、ハワイアン、シャンソンなどは、流行歌とは異質のものとして、まったく関心外の歌曲だった。そして、いつもぼくが待っていた歌は、流行歌《りゅうこうか》、流行唄《はやりうた》、あるいは歌謡曲で、現今、何気なく呼んでいる演歌とか、艶歌という名称はなかった。

ただ、流行歌というのは下品な歌で子供の歌う歌ではない、と、いつも注意されていた。特に昭和二十九年にヒットした山崎正作詞、渡久地政信作曲、春日八郎歌う「お富さん」がそうだった。これは歌舞伎の「与話情浮名横櫛《よわなさけうきなのよこぐし》」の名場面「源氏店《げんじだな》」の段、お富と与三郎再会の場面を題材とした歌だった。

それはそれとして、演歌は、明治十年頃より自由民権思想普及を目的として演説を歌のようにして歌い始めたのを初めとする。後には三味線、月琴、バイオリン、アコーディオンなどを伴奏に、心中、哀恋などの人情を歌って歌詞本などを売るようになった。その歌い手を演歌師という。添田唖蟬坊はその最後の一人といえるか。

大正時代、レコードが普及しはじめ、いわゆる流行歌が出現した。大正三年三月二十六日、帝国劇場でトルストイの「復活」が上演された。その劇中歌として島村抱月・相馬御風作詞、中山晋平作曲の「カチューシャの唄」をカチューシャに扮した松井須磨子が歌い、大ヒットした。この歌、レコードが今も遺っている。決して上手とは言えないが、気怠い歌い方とハスキーな声が奇妙な艶やかさとエロティシズムを漂わせ、なるほど七年以上に亙ってヒットしたのか、と頷かせるものをもっている。

流行歌のレコード吹き込みとして制作された最初の歌は、昭和三年十二月に発売された、時雨音羽作詞、佐々紅華作曲、二村定一歌の「君恋し」だった。この歌は昭和六十一年、フランク永井の歌でリバイバルされ、レコード大賞を受けた。

さて、〝流行歌〟〝歌謡曲〟だ。「en-taxi」（vol.31）の〝歌謡曲特集〟欄で輪島裕介が、次のように言っている。

「『流行歌』とは（中略）昭和初年にレコード会社が企画・制作する大衆向け商業歌曲を指すカタログ上の分類名としてレコードの盤面に現れ定着したものである」「『歌謡曲』とは、『流行歌』の放送における言換え語、つまり『流行歌』という語を放送で使わないために生み出され定着した放送用語なのである」

では今普通に使われる演歌や艶歌は、いつ頃、誰によって言われ出したのか。

ぼくは、流行歌史を書こうとしているのではないが、今、一般に言われる演歌、艶歌は、流行歌が出現して以来の呼称であるかのように思われているきらいがあるので、決してこの呼び名は本来のものではないことを確認しておかなくてはいけないということで、あえて検証することにする。

昭和三十年代末年、流行歌を、浪曲調、民謡調、田舎調等と、内容によって、節の調子によって、分別して言うようになったという。そして、ギターを抱いて酒場を流して歩いた流し（艶歌師・演歌師）たちの歌う歌、彼らの持っているある雰囲気を歌った歌を、演歌、艶歌と言うようになったのだそうだ。

そしてその頃、五木寛之が登場し「艶歌」や藤圭子をモデルとした「艶歌の誕生」などの小説を発表、「風に吹かれて」他のエッセイでも、艶歌について思いを述べていて、それが、レコード業界の方向に自ずと一致して一般化していったようだ。

閑話休題。そろそろ詞について思いを述べていくことにしよう。

「君恋し」につづいて、昭和四年、西条八十作詞、中山晋平作曲、佐藤千夜子歌で、「東京行進曲」が出て大ヒットした。

フランス留学から帰国し、早稲田大学の助教授であった西条八十が流行歌の作詞をしたことは大きな話題となった。もちろん詩壇としての否定的な話題だった。しかし、そういう流行歌に直接関わりないことより、四番の歌詞のトラブルはおもしろい。

シネマ見ましょか　お茶のみましょか
いっそ小田急で　逃げましょか

変る新宿　あの武蔵野の
月もデパートの　屋根に照る（傍点・久米）

傍点を打った箇所。小田急からクレームが来たという。恋の逃避行を手助けするような詞は、我が社のイメージを悪くする、というクレームはもちろんだが、もう一つの話がおかしい。当社は「小田原急行電鉄」という正式名がある、それを何んだ、小田急とは。訂正してほしい、という内容のクレームだった。ところが、この曲が大ヒットし、このクレームもうやむやとなる。そして、かえって小田急が有名となり、今や、小田急、ODAKYUと自らが称している。

流行歌の底力をあらわす話ではある。

西条八十ばかりでなく、詩人が流行歌や新民謡の歌詞をつくるようになる。「赤城の子守唄」の佐藤惣之助、「国境の町」の大木惇夫、「茶っ切り節」の北原白秋などがそうだ。特に西条八十と佐藤惣之助は、多くの詞を書き、詩壇からは一段下に見られたりしたという。こうした昭和初期の歌は、ぼくにとってはリアルタイムのものではない。

街を歩けば白衣を着た傷痍軍人に募金を乞われ、進駐軍兵と腕を組んで歩く女性と出会う時代は、ぼくにはつい昨日のことだ。その頃からの流行歌の歌詞を、ラジオを聞きながら書き写した歌詞を、ここでぼくの造った組に載せていこう。

ラジオから流れてくる流行歌を、聞くともなしに聞いていた昭和二十一年十一月。清水みのる作詞、倉若晴生作曲、田端義夫歌の「かえり船」が発売になった。外地からの引揚船を詠った歌だ。さりげなく繰り返しが遣われる。

一、波の背の背に　揺られて揺れて
　月の潮路の　かえり船
　霞む故国よ　小島の沖じゃ
　夢もわびしく　よみがえる
二、捨てた未練が　未練となって
　今も昔の　切なさよ
　瞼合わせりゃ　瞼に浮ぶ
　霧の波止場の　銅鑼の音
三、熱い涙も　故国に着けば
　うれし涙と　変るだろう

鷗行くなら　男の心
せめてあの娘に　つたえてよ　（傍点・久米）

畳み掛けるところまではいかないが、この繰り返しは、引揚者の故国への思い、近づく故国の土を踏みしめる喜び、これまでの口にできないほどの苦労が、籠められている。大袈裟な言い方でなく、抑えた言葉遣いで、引揚者の思いの丈が、聞く人、そしてバタヤンと一緒に歌う人たちに伝わってくる。

この繰り返しは、流行歌でよく使われる手法だが、うまく歌に嵌まることはなかなかないのが普通だ。しかし、サトウハチローはさすがで、「リンゴの歌」の〝リンゴ〟の頻出は素晴らしい。一番から四番まで、終りのリフレーン「リンゴ可愛いや　可愛いやリンゴ」以外に、一番には三回、四番に二回、他は一回ずつ出す。また、二番には、

あの娘よい子だ　気立てのよい娘
リンゴに良く似た　可愛い娘

と娘を三回出し、「こ」という読みは四回出す。四番には、

歌いましょうか　リンゴの歌を
二人で歌えば　なおたのし
皆で歌えば　なおなおうれし

と、歌、歌うを、四回書く。それぞれ、掛かっている語が異なるため、娘のイメージが膨らむ。歌の印象が拡がってくる。

同じサトウハチローの作詞で古関裕而作曲、藤山一郎歌の「夢淡き東京」、これも四番まであるが、一番から四番まで、異なったテーマが示されている。それが、各連の中で次のように繰り返される。

一、柳青める日　つばめが銀座に飛ぶ日
　誰を待つ心　可愛いガラス窓
　　かすむは　春の青空か
　あの屋根は　かがやく　聖路加か
　はるかに　朝の虹も出た
　誰を待つ心　淡き夢の町　東京！

二、橋にもたれつつ　二人は何を語る
　川の流れにと　嘆きをききたまえ
　なつかし岸に　聞こえ来る
　あの音は　むかしの　三味の音か
　遠く踊る　影ひとつ

川の流れさえ　淡き夢の町　東京！
三、君は浅草か　あの子は神田のそだち
風に通わすか　ねがうは同じ夢
ほのかに胸に　うかぶのは
あの姿　夕日に　染めた顔
あかねの雲を　みつめてた
風に通わすか　淡き夢の町　東京！
四、悩み忘れんと　貧しき人は歌い
せまい露路裏に　夜風はすすりなく
小雨が道に　そぼ降れば
あの灯り　うるみて　なやましく
あわれはいつか　雨にとけ
せまい露路裏も　淡き夢の町　東京！　（傍点・久米）

リズミカルな古関裕而の曲は、ただ楽しげではなく、微かに憂いを感じさせる。それが「夢淡き東京」なのだ。「淡き夢の町　東京！」なのだ。柳が青める日が来、つばめがスイスイと飛ぶ銀座、夢の町東京、とくれば、前途にバラ色の世界が待っているとなりがちだが、何か、不安を抱いているかのような詞であり曲だ。それは、昭和二十二年という時の持っている憂愁なのだろうか。ただ、三番「風に通わすか　ねがうは同じ夢」四番「あわれはいつか　雨にとけ」で、かすかに灯を見せる。それが、逆の意味での「夢淡き東京」「淡き夢の町　東京！」なのでもある。

この年の暮、「かえり船」の作詞家・清水みのる作詞による夜の女の悲哀を詠った「星の流れに」が出る。

各連の終りの「こんな女に　誰がした」の繰り返しは、この女の実際の気持ではあろうが、こんな姿にしたのは、父母、社会というお定まりの甘ったれたものではなく、二年前に終ったあの戦争だ、あれがなければ、優しい父母、近所の懐かしい人々と、何不自由、不満のない楽しい生活をしている筈なのに、という作者の思いが籠っているにちがいない。「荒む心で　いるのじゃないが　なけて涙も　涸れ果てた」「人は見返る　わが身はほそる」「飢えて今ごろ　妹はどこに　一目逢いたい　お母さん」

こうした詞が、「こんな女に　誰がした」の繰り返しで生きてくる。リフレーンはただその語を強く印象づけるだけではない。実は、こうした意味と力があるのだ。

話はちょっとはずれるが、この歌の二番の歌い出し、

〽煙草ふかして　口笛吹いて

この詞はおかしいよ、だって、煙草をふかしていては口笛が吹けない、という冗談。しかし、煙草をすったり口笛を吹くというこの詞は、当時の日本の女の生活習慣からすれば、絶対にあり得ない姿を詠んでいて、この女の心の裡をこの一言であらわしている。

流行歌の詞というものは、こういうものだ。

昭和五十四年秋、松原のぶえが、山田孝雄作詞、船村徹作曲の「おんなの出船」でデビューした。

一、涙　涙　涙　涙
　　涙枯れても　枯れるな恋よ
　　船に　私は乗る　あなた　桟橋で
　　白いテープを引く　お別れ波止場
　　サヨナラ　サヨナラ　おんなの出船

二、夢を　夢を　夢を　夢を
　　夢を下さい　女の夢を
　　明日《あす》は　どうにかなる　今夜　見る夢に
　　愛を信じて行く　一人の旅路
　　サヨナラ　サヨナラ　おんなの出船

三、心　心　心　心

心あげます　おんなの心
他《ほか》に　何もない　あげる　ものなんて
沖じゃ　カモメが泣く　お別れ波止場
サヨナラ　サヨナラ　おんなの出船

船村徹は、冒頭の繰り返しを、一音ずつ上げていき、押さえ切れない女の思いを籠めた詞の心を伝える。歌手はそれを受けとって、静かに歌い出すが、厭味なく徐々に深く強く歌いこみ、次のフレーズにつないでゆく。三者の息がピッタリ合ったとき、この歌は完成する。これが繰り返しの妙だ。各連終りの繰り返しも、それに加勢する。

松原のぶえはこの歌で、レコード大賞新人賞を受賞した。翌年九月、「鷗という名の酒場」（阿久悠作詞、中村泰士作曲、石川さゆり歌）が出た。

一、黒地に白く　染めぬいた
つばさをひろげた　鷗の絵
翔《と》んで行きたい　行かれない
私のこころと　笑うひと
鷗という名の　小さな酒場

　　窓をあけたら海　北の海　海　海
二、海鳴りだけが　空オケで
　　歌えば悲しい　歌になる
　　とてもあなたは　この町で
　　くらせはしないと　笑うひと
　　鷗という名の　小さな酒場
　　窓をあけたら海　北の海　海　海
三、昔の男《ひと》と　思うから
　　言葉も何だか　つまりがち
　　ただの男と　女なら
　　気楽に飲めると　笑うひと
　　鷗という名の　小さな酒場
　　窓をあけたら海　北の海　海　海

　これは、ぼくの愛唱歌の一つだが、最後の〝北の海　海　海〟の繰り返し、ここをどう歌うか、がこの歌の眼目で、それが、歌う者の快感になる。三つの「海」へのそれぞれ異なった感情移入。また、一番、二番、三番でも異なった思い入れ。それが、繰り返しの詞への挨拶であり、礼儀だ。

「おんなの出船」の繰り返しは、音程が上がっていったが、こちらは下がって終る。この違い。「おんなの出船」は「明日は　どうにかなる　今夜　見る夢に　愛を信じて行く　一人の旅路」であり、やはり「おんなの出船」なのだ。またこの男《ひと》と逢えるかもしれない、逢えなくても、新しい幸せに巡り合えるかもしれない、ここを出発点にしよう、愛を信じて行くんだ、そんな女の思いが、この繰り返しであり、上がっていくメロディーだ。

北の海辺の、鷗という名の酒場で酒を飲んでいる男と女。どこか意味ありげな二人。かつては恋人同士だったようだ。男はこの町を出て、どこかで、自由に生きてきたらしい。女は、どんな柵《しがらみ》があるのか、この町を出ることが出来ない。あれから何年が経ったのか。巡り会った二人の心の裡には、交わることが出来ない大きな溝が横たわっていた。この酒場で杯を交わしている男は、姿形は同じでも、かつて女が想っていた男ではない。出て行きたい、でも……出られない。いいじゃないか、昔の男と思わず、偶然ここで出会ったただの男と女だと思えば、と言ったとて無理な話。私の中には、忘れきれぬ、拭いきれぬ、捨てきれぬ男が居座ってるわ。名にし負う酒場の鷗よ、私を、この北の海辺から翔び立たせておくれ、どんよりとした天に押さえつけられるようなこの暗い北の海の波を越えさせてほしい。しかし……。女のその思いが、「鷗という名の　小さな酒場　窓をあけたら海

北の海　海　海」のリフレーンであり、静かに暗く終るのだ。

昭和三十年の暮、高野公男作詞、船村徹作曲、春日八郎歌の「別れの一本杉」が出た。高野公男とは、船村徹が何度となく書きついでいるが、東京に出て来て音楽学校に入った船村が、栃木弁に恥かしい思いをしていた時、茨城出身の高野が声をかけてきて以来の友人で、それから七年後、結核で死ぬまでの濃密な関係だったという。

一、泣けた　泣けた
　こらえきれずに泣けたっけ
　あの娘《こ》と別れた哀しさに
　山のかけすも鳴いていた
　一本杉の
　石の地蔵さんのよ　村はずれ

二、遠い　遠い
　想い出しても遠い空
　必ず東京へついたなら
　便りおくれと言った娘《ひと》

りんごのような
赤い頬っぺたのよ　あの涙

三、呼んで　呼んで
そっと月夜にゃ呼んでみた
嫁にもゆかずにこの俺の
帰りひたすら待っている
あの娘はいくつ
とうに二十《はたち》はよ　過ぎたろに

実にストレートな繰り返しだ。普通ならば恥かしくて口に出せないような言葉「泣けた泣けた」「遠い遠い」「呼んで呼んで」。

船村、高野の二人は、田舎者の泥臭さ、故郷から東京へ出てきた若者たちの望郷の思いを、臆面もなく表現しよう、と熱っぽく語りあったという、その思いが、この「別れの一本杉」として結晶したといえる。悲しさではなく哀しさであり、思い出してもでなく想い出してもなのであって、まだあの娘の待つ一本杉の村に帰れない青年の不器用なほどに純な心が詠われている。

中学一年だったぼくは、回り回って再び所沢に住むようになっていた。当時所沢はまだ、実に田舎だった。春一番が吹くと、町中《まちなか》の家でも土埃でまっ白になった。夏には我家の庭にも蛍が飛び、蚊帳の内に誘い込んでたのしんだ。時に青大将が縁の下を這っていた。東京と田舎の間《あわい》の町に住み、小学校は池袋に通い、中学は武蔵小金井の広々とした敷地に建つ傾いた校舎にその四月から通いはじめたぼくに、「別れの一本杉」は、懐かしさと恥かしさとがゴチャまぜになったような、奇妙な思いを抱かせた。

春日八郎のカン高いとも言える独特な声は、村はずれの小さな丘の上、真青な空を背に屹立《きつりつ》する一本杉の姿をありありと心に浮かばせた。それもこれも、各連のはじめの繰り返しが誘《いざな》うもので、たとえば京都の街衆などには、絶対に創れない詞だ。東京は、いわば田舎者の集合体で、この間の戦争といえば応仁の乱だという京都人には、この泥臭さは出てきないし、理解できない。といっても、どちらを軽蔑する訳でも、敬うわけでもない。

しかし、この田舎者の歌は大ヒットし、映画まで製作された。

美空ひばり

美空ひばりのデビュー曲は何でしょう。この質問に即答できる人はどのくらいいるだろう。もちろん、ひばりファンと自認している人には簡単な問題だと思う。昭和二十四年に「河童ブギウギ」でレコード・デビューしても、一般の反応は冷淡だった。笠置シヅ子の物真似、子供のくせに大人っぽくこましゃくれている、といったふうの評判だった。

しかしその年九月に「悲しき口笛」（藤浦洸詞、万城目正曲）が出てから、世の中の目は美空ひばりに向かった。この歌はヒットした。当時小学二年生だったぼくは、ぼくより四歳上の魚屋の娘に対して、まったくといっていいほど、興味を持たなかった。それ以前までの世の中の評判をそのまま受け入れているだけだった。そしてもちろん、笠置シヅ子のブギは、ただ騒々しいだけで、何の感興も唆られなかった。

前年に出た「三百六十五夜」（西条八十詞、古賀政男曲、霧島昇・松原操歌）、「湯の町エレジー」（野村俊夫詞、古賀政男曲、近江俊郎歌）を、意味も分からずに口ずさんでいた。二十四年に大ヒットした「銀座カンカン娘」（佐伯孝夫詞、服部良一曲）に惹かれたのはどういう訳だろう。カンカン娘ってどんな娘なのだろう、ちょっと恰好いいお姉ちゃんらしいが、そんな人がいるんだろうか、と訝《いぶか》しみながらも、調子好い曲にひかれて歌っていた。けれど、この可愛らしい声の歌手が誰なのかは、全然知らなかったし、誰でもよかった。そしてこれはあの高峰秀子が歌っていると知ったのはずいぶん大きくなってからだった。高校生、いや、大学生になっていたかもしれない。

「悲しき口笛」のあとにヒットしたのが昭和二十五年に出た「東京キッド」（藤浦洸詞、万城目正曲）で、ハンチングを後ろ前にかぶってオーバーオールを着たひばり少年（？）が踊り歌っている写真が残っているが、これもぼくにはあまり心ひかれる歌ではなかった。

昭和二十七、八年頃だったか、「りんご園の少女」という映画があった。もちろん主役は美空ひばり。青森のりんご園に歌の上手な少女がいて、リンゴを収穫しながら民謡を歌ったりしていた。それは、「リンゴ追分」（小沢不二夫詞、米山正夫曲）だった。少女は、実は横浜生まれで、実の父親は山村聰扮する作曲家だった。その男が青森に来て、少女の歌う「リンゴ追分」に魅力を覚えて採譜し、ひばりを横浜に引きとる、という話だった。しかし田舎の生活が恋しく、ネオン輝く横浜の港町を見下ろす丘の上で、一人涙にくれながら歌ったのが、「私は街の子」（藤浦洸詞、上原げんと曲）だった。

その前後、大佛次郎原作『天狗廻状』が映画化され、それに美空ひばりは角兵衛獅子の役で出演、「角兵衛獅子の唄」を歌っていたが、それより以前、昭和二十五年の暮に「越後獅子の唄」（西条八十詞、万城目正曲）を出して、ヒットしていた。

何故か、この二本の映画をぼくは見ているのだ。母と行ったのだったろう。その辺りから、美空ひばりが、ぼくの生活の中に入ってきた。

青森に比べると星もまばらな夜空を仰ぎながら、哀しそうな、淋しそうな顔で「私は街の子」を歌う美空ひばりに、はじめてひかれた

一、私は街の子　巷《ちまた》の子
　窓に灯りが　ともる頃
いつもの道を　歩きます
赤い小粒の　芥子《けし》の花
あの街角で　ひらきます
二、わたしは街の子　巷の子
なんで灯りが　恋しやら
いつもの歌を　歌います
柳落葉が　ひらひらと
赤いリボンに　つもります
三、わたしは街の子　巷の子

ついた灯りが　また消えりゃ
いつもの人に　出逢います
今は恋しい　母様に
うしろ姿も　そっくりな

『日本流行歌史—戦後編』の〝歌詞編〟には「松竹映画「父恋し」主題歌。上原げんとが始《ママ》めて美空ひばりと組んだ作品。このB面は「ひばりの花売娘」（〝花を召しませランランン〟）になっていて、両面ともヒットした」と注がある。この注を見るまでぼくは「りんご園の少女」の主題歌とばかり思っていた。

〝今は恋しい　母様に〟は、青森のりんご園で今も私のことを思って心淋しく働いている母のことだと、ぼくは思った。〝母恋し〟だと思った。しかし、違ったらしい。〝父恋し〟だった。

ある歌とはじめて出会った時の状況で、人はそれぞれ異なった印象を受ける。もし〝父恋し〟の映画を見ていたら、どんな感じを持ったろうか。

それはそうと、「巷」という字と言葉を覚えた。でも「町・街」と「巷」とは、どう違うのか、この字に「氵」がつくと何故「みなと」という字と意味になるのか、ちょっと不思議に思ったりした。

また、「越後獅子の唄」も、「天狗廻状」の主題歌とばかり思っていた。「角兵衛獅子」と「越後獅子」の違い。人の印象、人の記憶というのは、いかに曖昧か。

一、笛にうかれて　逆立ちすれば
　山が見えます　ふるさとの
　わたしゃみなし児　街道ぐらし
　ながれながれの　越後獅子
二、今日も今日とて　親方さんに
　芸がまずいと　叱られて
　撥でぶたれて　空見上げれば
　泣いているよな　昼の月
三、うつや太鼓の　音さえ悲し
　雁が啼く啼く　城下町
　暮れて恋しい　宿屋の灯《あかり》
　遠く眺めて　ひと踊り
四、ところ変れど　変らぬものは
　人の情けの　袖時雨

ぬれて涙で　おさらばさらば
花に消えゆく　旅の獅子

まだ、「人攫《ひとさら》いが来るよ」という子供への脅しが健在だった頃だ。越後獅子、角兵衛獅子は、攫われた子供かもしれない。売られたサーカスから逃げ出したけれど逃げきれずに越後獅子の親方に拾われた子供なのかもしれない。そんなある種の恐怖心と憐愍の思いで、この歌を歌っていた。

その後、すべてではないが、美空ひばりの歌は、常に心の隅に引っかかるものとして、その死まで、いや現在までつながっている。

昭和二十六年暮に発売された「あの丘越えて」（菊田一夫詞、万城目正曲）は、細心の注意をもって作詞していることに、当時から気づいていた、というのではなく、何となく心にひっかかっていたというのだろう。山の牧場は絵とか写真でしか知らなかったが、牧草がなびき、なだらかな丘が連なる中に白樺が点在し、その周りには牛や馬が尾を振り走り廻り、坐り、啼いている。それを想像しながら歌っていた。

一、山の牧場《まきば》の　夕暮に
雁《かり》が飛んでる　ただ一羽
私もひとり　ただひとり

馬《アオ》の背中に　眼をさまし
ヤッホー　ヤッホー

二、お花畑の　まひるどき
百舌《もず》が鳴いてる　雲の上
私はひとり　ただひとり
遠い都を　思い出し
ヤッホー　ヤッホー

三、山の湖　白樺の
影が揺らめく　静けさよ
私はひとり　ただひとり
恋しい人の　名を呼んで
ヤッホー　ヤッホー

四、山の牧場の　星の夜
風に揺れてる　灯《ともしび》は
私とおなじ　ただひとり
泣けば悲しい　山彦が

ヤッホー　ヤッホー　（傍点・久米）

この歌は松竹映画「あの丘越えて」の主題歌。たとえば「雪之丞変化」の主題歌は「むらさき小唄」、「愛染かつら」の主題歌は「旅の夜風」と、歌の内容に合った題名になっているが、この歌、「あの丘越えて」という映画の題名であって、歌の内容はかけはなれているように見える。しかしよく読むと、あのはるか向こうに見える丘を越えて都へ行きたい、という思いを、詞の底流としていることがわかる。

傍点の助詞、一番が「も」、二、三番が「は」、四番は「と」と、変えている。

夕暮に飛んでいる雁は、列をなしている筈なのに、今見上げると〝ただ一羽〟だ。そういえば、この迷い雁のように、私もひとりだ。雁は仲間に、家族に、恋人に会えるだろうか。私は、遠い都にいる恋しいひとに逢える手立てはない。そうすると、今、私はひとりなんだ。日が暮れて、空には一面の星。牧場の畔《ほとり》の小舎に一つ灯が点った。あるかなきかの風に揺れている。この山の牧場には、ただ一つの灯だ。私と同じただ一つ。

この用意周到な助詞の使い方。劇作家・菊田一夫の面目躍如と言えよう。

そして普通なら、「馬の背中で」と格助詞「で」であるところを、「に」という格助詞を遣っている。単に場所を指定するだけでなく、この少女自身、思ってもいなかった場所で目蕩《まどろ》んでしまったことを表現している。これは、リフレーン〝ヤッホー　ヤッホー〟の前の行の終り方、「眼をさまし、」「思い出し、」「名を呼んで、」「山彦が、」と、すべて後へ続く終り方と連動する。この歌の主人公、馬の背で眼を覚ました少女の、どうしようもない胸の裡。後ろ髪を引かれるような気持を、連用形そして最後に格助詞〝が〟で終えて示す。

こういうことは、今、大人になってから考え感じたことだが、子供の頃のぼくは、無意識のうちに、菊田一夫の意図を受けとっていたのだろうか。恋人と別れてただ一人の少女、家族と離れた生活をしなくてはならない一人の少女のことに、ぼくは勝手に思いを馳せていたのだろうか。

昭和二十七年三月、「テネシー・ワルツ」で江利チエミが、翌年七月「思い出ワルツ」で雪村いづみがデビューする。そして二人はジャズを歌いつづける。後に美空ひばりを加えて「三人娘」としてもてはやされることになるが、その三人が出演した映画を見たのは、昭和三十二、三年頃だったろうか。「三人娘」と一括りにしてはいるが、美空ひばり、雪村いづみ、江利チエミの順にランクづけされているのが感じられた。

その頃はもう美空ひばりは大スターだった。「お祭りマンボ」「ひばりのマドロスさん」「波止場だよ　お父つぁん」「港町十三番地」「長崎の蝶々さん」など、広いレパートリーを歌いこなしていた。

「波止場だよ　お父つぁん」は、ひばりの晩年には歌われなくなり、カラオケにも入っていない。それは、一番の「年はとっても　盲でも」の詞が、差別語だとの理由らしい。つまらない差別撤廃論でなく、実質の差別撤廃に力を入れたいものだ。

それはさておき、謎々。

「港町十三番地って、何処にあるか知っているかい？」

「ウーン？　横浜かな？　神戸かな？」

「ウフフ、波止場だよ　お父つぁん」

失礼しました。

昭和三十九年十二月に出た「柔」（関沢新一詞、古賀政男曲）まで、美空ひばりはいささか影が薄かった。ほとんどヒット曲がなかった。ただ一曲、昭和三十七年に出た「ひばりの佐渡情話」（西沢爽詞、船村徹曲）があるだけか。しかしこの歌はむずかしい。出だしの「佐渡の荒磯の」を「サド～のアリソの」と「ド」と「の」の間を長く長く歌う。ここを歌いきれば、この歌は完成する。これはセンスとしか言いようがない。

それはそれとしてその十年程の間に、昭和三十年、「この世の花」（西条八十詞、万城目正曲）で島倉千代子がデビュー、前年デビューした三橋美智也の「おんな船頭唄」（藤間哲郎詞、山口俊郎曲）がヒットする。他に若原一郎、大津美子、松山恵子、西田佐知子、橋幸夫、北島三郎、舟木一夫等々、昭和三十年、四十年代に活躍する歌手が続々デビューした。その締めくくりのように、昭和三十九年、都はるみが「こまるのことよ」でデビュー、十一月には「アンコ椿は恋の花」（星野哲郎詞、市川昭介曲）が大ヒットする。

昭和三十四年四月十日の皇太子（現上皇）御成婚により日本中にテレビが普及した。この年に始まったレコード大賞は、テレビに歌い手たちを乗せて全国に弘めていった。第一回レコード大賞受賞曲の「黒い花びら」（永六輔詞、中村八大曲）を歌った、黒いセーター、グレーのパンツの水原弘は、実に格好よかった。都はるみのウナリにも魅了された。

この間、昭和三十五年にはいわゆる六〇年安保闘争が起こり、三十九年には東京オリンピックが開催されている。

そんな中で、美空ひばりは、大スターとしてお高くとまっているとか、テレビを一段下に見て出演しないとかという噂が、ぼくたち一般人の間にも伝わってくるようになっていた（何故か、テレビ局に三十八年か九年に行ったことがある。たまたまスタジオでは歌の番組が進行していた。そこで美空ひばり似の女性が和服姿で曲に合わせて口を動かしていたのを覚えている。これはリハーサルで、本番には本人が出たのかもしれない）。そうなれば、普通の人は、ちょっと引きたくなるのが当り前で、先に挙げた「柔」が出るまでは、ということになる訳だ。「柔」はレコード大賞を受賞した。歌手は飽くまでも歌の実力、役者は演技力が最後には物を言うことになる。「柔」が出てからは、噂は消えていった。

昭和四十一年八月「悲しい酒」（石本美由起詞、古賀政男曲）が出た。この曲は昭和三十五年に北見沢惇の歌でレコードが出たが、売れず、話題にもならなかった。

一、ひとり酒場で　飲む酒は
　別れ涙の　味がする
　飲んで棄てたい　面影が
　飲めばグラスに　また浮かぶ
セリフ　ああ別れたあとの心残りよ　未練なのね
　あの人の面影　淋しさを忘れるために飲んでいるのに
　酒は今夜も私を悲しくさせる
　酒よ　どうして　どうしてあの人を
　あきらめたらいいの
　あきらめたらいいの
二、酒よこころが　あるならば
　胸の悩みを　消してくれ

酔えば悲しく　なる酒を
飲んで泣くのも　恋のため
三、一人ぽっちが　好きだよと
言った心の　裏で泣く
好きで添えない　人の世を
泣いて怨んで　夜が更ける

この歌を歌う時、ひばりは泣くそうだ、という話が聞えてきた。テレビでも泣くのだろうか。泣きながら歌える訳がないと思った。でもぼくはその涙を見たくて、テレビをつけつづけた。本当に涙が出てきた。「飲んで棄てたい」だったり、セリフの「酒よ　どうして　どうして」だったり、「飲んで泣くのも」だったり、時によって涙の出てくるシーンは異なったが、必ず涙を流した。

「歌謡曲っていうのは、こういうものなんだ。詞と曲の言いたいことを、歌い手は自分のものとして受けとり、その思いを表現するものなんだ！」

これを、美空ひばりは歌の上に涙をもって表白したのだ。歌手として邪道というかもしれない。しかし、表現者として到りついた姿が、涙を浮かべて歌う美空ひばりという歌手だった。

そして、一番と二番の間奏にのせて語られるセリフは、美空ひばりがアドリブで入れたもので、もともとあったものではなかったという。作詞家の石本美由起はそれを許した。森進一が歌う「おふくろさん」の作詞家川内康範が、前奏部分に森進一が勝手に導入歌を付けたと怒ったことを思い出す。度量の違いというものか。

それにしてもこの歌詞、いわゆる艶歌の定番そのものではないか。よくこれだけの言葉を集めてつなげたものだ。

「ひとり」「酒場」「別れ」「涙」「面影」「胸の悩み」「悲しくなる」「泣くのも」「好きで添えない」「怨んで」「夜が更ける」

これだけ徹底されると、恥かしいとか、下らないなどと言うのがかえって恥かしくなる。失恋した女の心の世界に完全に、誘い込まれてしまう。そして、これを歌いこなし、歌い切るのが、美空ひばりだった。

しかし、またヒット曲のない時がつづく。昭和六十二年「みだれ髪」（星野哲郎詞、船村徹曲）が出る。この時のことを船村徹が、東京新聞に連載（平成二十四年八月十三日～十月二十二日）した「この道」に書いている。

「私にこの曲を依頼された時、美空ひばりさんは、難病のため福岡市内の病院で入院生活を送っていた。

曲が仕上がってもまだベッドの中。私は福岡でレコーディングと思っていたが、彼女が強く東京を希望したので、コロムビアのスタジオで収録することになった。（略）

実は、私は当日まで「投げて届かぬ想いの糸が…」の一節で「届かぬ」の「ぬ」をどうするか、二つの音で迷っていた。そして迷った末、高い方の音を五線紙に書き入れてコロムビアのスタジオに出掛けた。

ところが音合わせの時、ひばりさんはすんなりと譜面には書いていなかった低い方の音で歌ったのだ。他の歌手だったらあり得ない話だ。「やられた！」と、私はその時思った。私が散々迷っていたところを、一瞬に見抜いて歌ったのだ。ひばりさんの音に対するカミソリのような感性は健在だった」

一、髪のみだれに　手をやれば
　紅い蹴出しが　風に舞う
　憎や　恋しや　塩屋の岬
　投げて届かぬ　想いの糸が
　胸にからんで　涙をしぼる

二、すてたお方の　しあわせを
　祈る女の　性《さが》哀し

辛や　重たや　わが恋ながら
沖の瀬をゆく　底曳き網の
舟にのせたい　この片情け
三、春は二重《ふたえ》に　巻いた帯
三重《みえ》に巻いても　余る秋
暗や　涯てなや　塩屋の岬
見えぬ心を　照らしておくれ
ひとりぼっちに　しないでおくれ

星野哲郎は、木下恵介監督の映画「喜びも悲しみも幾年月」の舞台の一つだった福島県いわき市の塩屋岬に取材して作詞したという。太平洋を見はるかす小さな高台に「みだれ髪」の詞碑が建っている。あの三月十一日の東日本大震災にも倒れず、台座まで洗われた海嘯《つなみ》にも流されなかったという。

星野哲郎という作詞家は変った履歴の人で、子供の頃から船乗りに憧れ、高等商船学校を出てトロール船に乗っていたという。二年程で病気になり四年間の闘病生活中に詞をつくり始め、昭和三十二年の横浜開港百年記念の歌募集に二曲応募、一位と二位に当選。その一位の「浜っこマドロス」が船村徹作曲により、美空ひばり歌でレコード化され、作詞家として出発した。それから三十年後に成ったのが、「みだれ髪」だった。

この前の年に小椋佳詞、曲になる「愛燦燦」、翌年には秋元康詞、見岳章曲の「川の流れのように」がヒットする。この二曲に挟まれた「みだれ髪」は、美空ひばり最晩年の最高傑作だとぼくは思っている。船村徹の曲は難しく、なかなか歌うのに苦労するためか、他の二曲に比べてカラオケで歌われる回数は少ないようにぼくは思うのだが、流行歌、歌謡曲ということでいえば、「みだれ髪」の方が格段に良い。

塩屋岬に佇む女が海からの風でみだれる髪に手をやる姿は美しい。頬を伝う涙は、太平洋からの風に吹き払われる。黒髪と着物の裾の紅い蹴出しとの色の対照。髪を押さえる掌の白さ、海と空の青も、ここにくっきり出てくる。その色は、暖色が多いにも拘わらず、すべて冷たい様相を滞びている。

それはこの主人公の女の心なのだが、自分を捨てた男（これを「お方」と言う女心）の幸せを祈る、いや祈らざるを得ない女である自分の悲哀《かな》しさ。この苦哀《かな》しみに、春には二回りだったこの帯が、この岬に立つ今、秋にはもう一回り多く巻かなくてはならないほど痩せてしまった。

どういう別れ方をしたのかは分らない。しかし、女からではない。男が女を捨てたらしい。「糸」「網」「帯」、この三つの紐帯で、何とか男を引き止めて、引き寄せたい、という女の想いを象徴する。「胸にからむ糸」「網を曳く舟にあの人も乗せたい」「この帯であの人を引きとめたい」そして、「一人ぼっちにしないでほしい」。

流行歌、歌謡曲は、男と女、女の失恋を詠った歌が実に多い。これは「万葉集」の時代からそうだ。「万葉集」には「相聞歌」と銘打たず、雑歌、挽歌に分類されている歌にも恋を詠んでいる歌が多い。東歌、防人の歌も、ほとんどが恋の歌だ。歌とは、もともとそういうものだ。

昭和六十一年の「愛燦燦」に、次のような詞がある。

〽人は哀しい　哀しいものですね
〽人生って　不思議なものですね
〽人はかよわい　かよわいものですね
〽人生って嬉しいものですね
〽人はかわいい　かわいいものですね

また昭和六十三年の「川の流れのように」には、

〽細く長いこの道
〽でこぼこ道や　曲がりくねった道
〽終りのない　この道

そして、
〽ああ　川の流れのようにゆるやかに
　いくつも　時代は過ぎて
ああ　川の流れのようにとめどなく
空が黄昏《たそがれ》に　染まるだけ
〽ああ　川の流れのようにおだやかに
　この身をまかせていたい
ああ　川の流れのように移りゆく
季節　雪どけを待ちながら
〽ああ　川の流れのようにおだやかに
　この身をまかせていたい
ああ　川の流れのようにいつまでも
　青いせせらぎを　聞きながら

この二曲は、美空ひばりの最晩年、特に「川の流れのように」は最後の歌ともいえるためだろうか、ヒットした。しかしぼくは、この二曲は、率先して歌いたいとも、いい歌だとも思わない。

人生というものはこういうものだ、こうやって生きていこう、なんて言えるのは、よほど人生経験豊富か、あるいは、よほど人間、人生というものを考え抜いた人しかいないのではないだろうか。右に引用した詞は、いかにもそれらしいものだが、ぼくには甘ったるい印象しか持てない。

美空ひばりの最後の絶唱、あの後楽園球場での最後のコンサートで歌いきったから、この歌の持っているものより以上のメッセージが付加され、ファンや聞き手がそれを勝手に受け取ったのかもしれない。

「人生」なんて、そう簡単に言ってほしくない。「人生」なんて、そう単純なものではない。この二つの歌からは、人生はまったくうかがえない。むしろ、「みだれ髪」の女の姿に、この人のこれまでの人生が沁々《しみじみ》と偲ばれる。これこそが人生だ、と。

それが、歌謡曲だ。

毀誉褒貶著しかった五十二年の生涯の後、昭和最後の六十四年、一月七日に平成と改元した八月二十四目、昭和の歌姫といわれた美空ひばりは亡くなった。昭和を代表する歌手とか、これで昭和は終ったとか、昭和演歌の終焉とか言われた。

股旅物

気っ風がよく、腕も強く、見かけもよい、歌が上手くて洒落ている無職渡世の風来坊。昭和三十年前後には、こういう男が主人公の映画が多く創られた。その主役を演じたのが高田浩吉だ。何本か観ているのだが、すべて題名も忘れ、内容も覚えていない。ただ、話の筋は単純で、高田浩吉の魅力を百パーセント観客に見てもらうだけ、というものだ。

ヤクザ同士のイザコザ、悪代官の横暴など、お定まりの設定の場所に迷い込む主人公。初めは村人がたのしんでいる盆踊りの場などにフラッと入り、自慢の喉を聞かせて女たちにモテモテ。そこに出来《しゅったい》する事件、その事件を起こした悪人をやっつけて主人公は村を出てまた旅に出る。村を出て行く姿がすべて同じなのだ。三度笠を小脇に、肩には振分荷物、その上に縞の合羽をひっかけて街道を行く。空は晴れ、春なら桜が咲き、初夏なら雲雀が鳴き、秋は赤蜻蛉が舞い飛ぶ中を、いかにも愉快だという顔つきで、得意の歌を歌って行く。江戸末期の渡世人が街道を歩きながら歌う歌ではない。現代の歌謡曲だ。観客はしかし誰も不平を言わない。いや、むしろ喜んでいる。大体こんな筋立てだった。

たとえばこんな歌。

一、故郷見たさに　戻ってくれば
春の伊豆路は　月おぼろ
墨絵ぼかしの　天城をこえて
どこへ帰るか　どこへ帰るか　夫婦雁《みょうとがり》

二、瞼とじれば　堅気になれと
泣いてすがった　洗い髪
幼馴染も　あの黒潮も
一度流れりゃ　一度流れりゃ　帰りゃせぬ

三、逢って行こうか　逢わずに行こうか
伊豆の佐太郎　忍び笠
どうせ明日《あした》は　また流れ旅
はいた草鞋《ぞうり》に　はいた草鞋に　散る椿

昭和二十八年に封切られた映画「伊豆の佐太郎」の主題歌だ。西条八十詞、上原げんと曲、そして高田浩吉が歌った。たぶんぼくはこの映画も見ている筈だが、まったく覚えていない。ただ、ラストシーン、左肩の振分荷物と縞の合羽に手を添え、右手は二つの賽でお手玉しながらこの歌を歌って、いかにも嬉しそうに歩く高田浩吉の姿は目の前に浮かんでくる。別の映画だったかもしれない。

しかし、この詞を読むと、いかにも侘しい、寂しい、哀しい。この詞に、映画の主人公の姿は不似合だ。ところが、曲も悲哀を帯びている、というのではない。「こきょう見た～さ～に戻ってくれ～ば～」と、「～」の部分は粋に伸ばして震わせ、あとはちょっと弾むように歌うのだ。見る人、聞く人は、それで満足している。何とも不可思議な歌だ。「もはや『戦後』ではない」という言葉は、昭和三十一年七月十七日に経済企画庁が発表した昭和三十一年度の「経済白書」中につかわれたものだが、庶民はそれより三年も前に、このイメージを実感していたのかもしれない。

「歌は世に連れ、世は歌に連れ」という。しかし、「歌は世に連れ」ることはあっても、「世は歌に連れ」ることは、決してない。

同じ高田浩吉の歌に、

一、白鷺は　小首かしげて　水の中
　わたしとお前は
　エーそれそれ　そじゃないか
　チイチクパアチク　深い仲
二、白鷺の　羽も濡れます　恋ゆえに

吉原田圃の
エーそれそれ　そじゃないか
チイチクパアチク　春の雨

三、命がけじゃ　慈悲じゃ情じゃ　ここ明けて
今夜は逢わなきゃ
エーそれそれ　そじゃないか
チイチクパアチク　こがれ死に

四、許してね　悪いわたしの　別れぐせ
酔わなきゃ拗ねたり
エーそれそれ　そじゃないか
チイチクパアチク　つねったり

五、三味線の糸を頼りに　片便り
この糸切れたら
エーそれそれ　そじゃないか
チイチクパアチク　なんとしょう

がある。この歌は、村上元三原作の映画「八洲遊侠伝」の主題歌「白鷺三味線」（西条

八十詞、上原げんと曲）だ。笹川繁蔵と飯岡助五郎が琉球渡りの白鷺三味線を争奪する話だという。高田浩吉がどう絡むのか、ぼくは見ていないので分からないが、話の筋とこの歌とは、主題歌といいながらまったく関わりない。ただ、白鷺三味線という題をもらい、粋な男女の仲を歌う。

〽白鷺は　小首かしげて　二の足踏んで　やつれ姿を　水鏡

という古歌（都々逸？）を借りているが、この古歌を知っていると、この歌の粋なところが際立ってくる。囃言葉を抜いて読んでみると、婀娜《あだ》な女と洒落た男との仲がくっきりと見えてくるではないか。

昭和二十九年末の歌だから、ぼくは中学一年だ。そんな粋だとか婀娜だとかいう言葉すら知らなかった。ただ軽い男の、軽い、しかし歌いやすい歌だ、と思っていただけだった。

それにしても、昔はヤクザの歌が実に沢山作られた。「赤城の子守唄」「旅笠道中」「妻恋道中」「流転」「名月赤城山」「旅姿三人男」「大利根月夜」「勘太郎月夜唄」等々、大体、昭和九年から十八年までの十年間、前奏が流れればすぐに歌える歌を、たちどころに挙げることが出来る。ところが戦後になると、ＧＨＱのお達しによって股旅物や時代物や仇討ち物などは映画、芝居ばかりでなく流行歌まで製作を許されなくなった。

たとえば「雪之丞変化」。仇討ちが許可されないため、換骨奪胎したような話にし、題名も「小判鮫」として昭和二十三年映画化された。主題歌も戦前の「むらさき小唄」でなく「小判鮫の唄」と題して新しくつくられている。

昭和二十六年九月にサンフランシスコ平和条約が調印される前後から、再び股旅物がつくられはじめる。この調印を予想するかのように、五月には「上州鴉」（山本逸郎詞、島田逸平曲、瀬川伸歌）が発売される。戦後のはしりだろうか。その後二十七年末に「弥太郎笠」（佐伯孝夫詞、佐々木俊一曲、鶴田浩二歌）「伊豆の佐太郎」、二十八年「花の三度笠」（佐伯孝夫詞、吉田正曲、小畑実歌）、二十九年の「白鷺三味線」、三十年に「名月佐太郎笠」（松坂直美詞、古賀政男曲、高田浩吉歌）、その後しばらく間があり、三十四年に三波春夫が「大利根無情」（猪俣良詞、長津義司曲）「忠太郎月夜」（門井八郎詞、春川一夫曲）「沓掛時次郎」（門井八郎詞、長津義司曲）と、三曲つづけざまにレコードを出す。そして三十五年八月、橋幸夫が「潮来笠」（佐伯孝夫詞、吉田正曲）でデビューする。つづいて佐伯、吉田コンビで十二月に「喧嘩富士」、翌年二月に「木曾ぶし三度笠」を出し、五月に三波春夫が、「名月綾太郎ぶし」（藤田まさと詞、長津義司曲）を出して以後、プッツンと股旅物が無くなる。それは、三十四年七月に日本民間放送連盟が「要注意歌謡曲取扱い内規」なるものを制定したことがひびいているのではないだろうか、とぼくは思う。「頽廃的・虚無的・厭世的言動を肯定的または魅力的に表現したもの」「犯罪および残虐行為、または社会道徳に反する言動を、肯定的または魅力的に表現したもの」などを放送しない方向でいこうということで、当然レコード会社もこうした類いの歌の制作に二の足を踏むことになったのではないか。

股旅物は、高田浩吉の歌や「潮来笠」のような架空のヤクザを詠った歌の他に清水次郎長や国定忠治、用心棒の平手《ひらて》造酒《みき》などの実在のヤクザを題材にした歌がある。どちらにしても道から外れた男たちの姿を、高田浩吉の歌のようにアッケラカンとしたものとして描いている歌と、「大利根無情」の平手造酒の苦衷を詠うような歌に分別出来る。この右と左、というように分けることの出来るのも、流行歌特有だろう。その例として、橋幸夫の「潮来笠」と、「大利根無情」を引用しよう。

一、潮来《いたこ》の伊太郎　ちょっと見なれば
　薄情そうな　渡り鳥
　それでいいのさ　あの移り気な
　風が吹くまま　西東　なのにヨー
　なぜに眼に浮く　潮来笠
二、田笠の紅緒《べにお》が　ちらつくようじゃ
　振り分け荷物　重かろに

わけはきくなと　笑ってみせる
粋《いき》な単衣の　腕まくり　なのにヨー
うしろ髪ひく　潮来笠

三、旅空夜空で　いまさら知った
女の胸の　底の底
ここは関宿《せきやど》　大利根川へ
人にかくして　流す花　だってヨー
あの娘川下　潮来笠

一、利根の　利根の川風　よしきりの
声が冷たく　身をせめる
これが浮世か
見てはいけない　西空見れば
江戸へ　江戸へひと刷毛　あかね雲
セリフ　佐原囃子が聞こえてくらア　思い出すなア
　お玉ヶ池の千葉道場か……うふ

……平手造酒も　今じゃやくざの用心棒
　人生裏街道の　枯れ落葉か
二、義理の　義理の夜風に　さらされて
月よお前も　泣きたかろ
こころみだれて
抜いたすすきを　奥歯で噛んだ
男　男泪《なみだ》の　落とし差し
セリフ　止めて下さるな妙心殿　落ちぶれ果てても　平手は武士じゃ
　男の散りぎわだけは知っており申す
　行かねばならぬ　行かねばならぬのだ
三、瞼　瞼ぬらして　大利根の
水に流した　夢いくつ
息をころして
地獄まいりの　冷酒《ひやざけ》のめば
鐘が　鐘が鳴る鳴る　妙円寺
平手造酒は、本名を平田深喜《ひらたみき》という実在の人物だが実像は不明。飯岡助五郎と笹川繁蔵の出入りで笹川の助っ人として利根川原で闘い死んだという講談や浪曲の「天保水滸伝」により創られたキャラクターだ。戦前の「名月赤城山」の国定忠治や「旅姿三人男」の清水次郎長の子分大政、小政、森の石松にしても、この類いの歌は、ほとんどすべてが、講談、浪花節によっている。TVのなかった時代は、映画とラジオが娯楽の中心だった。

それにしても、「潮来笠」と「大利根無情」との内容の隔たりはどうだ。昭和三十五年は六〇年安保の年であり、六月十五日の樺美智子さん死亡という大きな事件のあと、そういった暗いものを吹き払いたいという思いの凝ったイメージで、橋幸夫の股旅物が生まれたのだろうか。そしてその反動のようにして「大利根無情」が創られたのか。大学に入ったその年の落ちつきのない春から夏を思い出して、その後に出てくる「座頭市」の激しさに思いをいたすのだ。

セリフ　俺たちゃナ　ご法度の裏街道を歩く渡世なんだぞ
　　　いわば天下の嫌われもんだ……

一、およしなさいよ　無駄なこと
　言って聞かせて　そのあとに
　音と匂いの　流れ斬り
　肩もさびしい　肩もさびしい

セリフ　あア、いやな浮世だなァ……
二、親のある奴ァ　どきやがれ
　いやだいやだと　よけながら
　涙しのんで　さかさ斬り
　どこへ行くのか　どこへ行くのか
セリフ　フフ……あァ眼があきてえなァ……
三、おやめなさいよ　罪なこと
　情け知らずの　さげすみを
　花を散らして　みだれ斬り
　夕陽を浴びる　夕陽を浴びる　（傍点・久米）

勝新太郎絶唱の「座頭市」（川内康範詞、曾根幸明曲）だ。

昭和三十七年四月、映画「座頭市物語」が封切られた。主演はもちろん勝新太郎。この原作は衆知のように、子母澤寛の随筆集「ふところ手帖」に収められた一篇「座頭市物語」である。昭和四十八年刊の『日本映画作品全集』（キネマ旬報社）に真淵哲が、「ふところ手帖」に、盲目のヤクザで滅法剣の強い男がいたと一、二行書いてある、と述べたことが弘まって定説の如くなった。ところが実際は原稿用紙十三枚ほどの文章なのだ。一度誤った説が流布すると、それが事実として罷り通ることになる。おそろしい。

それはそれとして、この歌は映画の主題歌ではない。映画「座頭市」シリーズの十五本目「座頭市鉄火旅」が封切られた昭和四十二年に、映画にあやかって作られた。

前奏にあわせたセリフ、実は原作で、世話をしてくれる女おたねにむかい、市がつくづくと説く言葉の中にある。

「人間はな、慾には際限のねえもんだ。（略）な、やくざあな、御法度の裏街道を行く渡世だ、言わば天下の悪党だ（略）」（傍点・久米）

これをちょっと変えてつくった。「悪党」を「嫌われもん」としたことで少しやわらかくなっていようか。流行歌に「悪党」は強すぎるのか。映画「座頭市物語」でも、このセリフは使われている。この、一歩引いた座頭市の立ち位置が、随筆、映画、歌の底に流れる、いわば子母澤寛の情意《こころ》なのだ。それを、映画の脚本家・犬塚稔も、歌の作詞家・川内康範も充分に受けとって書いた。

アウトサイダーの悲哀は、そのあとのセリフにも滲み出ているが、各連の終わり「肩もさびしい」「どこへ行くのか」「夕陽を浴びる」のリフレーンと、その前の「音と匂いの　流れ斬り」「涙しのんで　さかさ斬り」「花を散らして　みだれ斬り」の三種の斬り方からも伝わってくる。特に「フフ……あァ眼があきてえなァ……」のセリフには、いつもジンッとくる。実際の市の盲目とは別に、人として、あらゆるものに対して眼を開けて見、そして受けとることが出来るようになりたい、そうぼくは思う。そして市は思う、インサイダーとして生きたい、それが、このセリフだ。

盲目の按摩と一言で言えば、それこそ目明きに身ぐるみ剝がれて捨てられる、と相場は決まっている。しかし座頭市だけは違う。普段は差別されているのに、いざ、という時はその差別した人を助ける。この颯爽たる姿は、見ていて堪《こた》えられない。しかし、心の裡にはこの歌のセリフの如き哀しみが沈澱している。だからこそ、悪をやっつける市の剣が格好いいのだ。

差別で思い出した。二、三十年前、夜中によく映画「座頭市」がTVで放送された。その時、敵役のヤクザ連中が市に向かって、「このド……メ！」と叫んで斬りかかる。これは「このドめくらメ！」と叫んでいるのだが「めくら」が差別語だということで音を消して放送していた訳だ。視聴者は笑うしかない。こんな瑣末なことでお茶を濁す。差別問題はそんな簡単なものではない筈だ。今「座頭市」は時代劇チャンネルでしか放送されないらしいが、どのようにしているのだろう。

同じくある意味、差別の対象となる香具師《やし》である車寅次郎を主人公とした映画「男はつらいよ」の第一作が封切られたのは昭和四十四年八月である。これは座頭市シリーズ第十九作「座頭市喧嘩太鼓」（昭和四十三年十二月末封切）のあとということになる。それまでは年に二、三本、時には四本封切られたのに、この後、四十五年一月まで「座頭市」は封切られない。そして四十八年四月に二十五作目の「新座頭市物語・笠間の血祭り」が封切られたあと、昭和六十四年二月四日、すなわち平成元年まで十六年の間があって勝新太郎監督の「座頭市」が封切られて終了となる。

昭和四十五年四月「男はつらいよ」（星野哲郎詞、山本直純曲）が渥美清の歌で発売された。

セリフ　私生まれも育ちも葛飾柴又です　帝釈天でうぶ湯を使い
　　　　姓は車　名は寅次郎　人呼んでフーテンの寅と発します

俺がいたんじゃ　お嫁にゃ行けぬ
わかっちゃいるんだ　妹よ
いつかお前の　よろこぶような
偉い兄貴に　なりたくて
奮闘努力の　甲斐もなく
今日も涙の　今日も涙の
日が落ちる　日が落ちる

ドブに落ちても　根のある奴は
いつか蓮《はちす》の　花と咲く
意地は張っても　心の中じゃ
泣いているんだ　兄さんは
目方で男が　売れるなら
こんな苦労も　こんな苦労も
かけまいに　かけまいに

男というもの　つらいもの
顔で笑って　顔で笑って
腹で泣く　腹で泣く

セリフ　とかく　西に行きましても　東に行きましても
土地土地の　お兄貴《あにい》さん　お姐《あね》えさんに　御厄介をかけがちになる若造です
以後　見苦しき面体《めんてい》　お見知りおかれまして
今日こう万端ひきたって　よろしく　お頼《たの》申します

いってみれば、香具師も日本中を縁日や祭りを求めて旅して歩く股旅者《またたびもの》だ。この「股旅」という言葉、長谷川伸の発明だという。ヤクザは、名を挙げたり、追手から逃れたりするために日本中を股にかけて旅する、いわば〝股旅者〟だ、ということによる。今や、ヤクザの代名詞として〝股旅者〟はとおっている。

それはさておき、この「男はつらいよ」の詞は、いかにも物分りのよい、しかしちょっと駄目な兄、という設定になっている。けれど映画の車寅次郎は、気はいいが自分勝手、好い女を見るとすぐに惚れてしまい、ついには失恋ということになる。他にも様々な小さい問題を起こす男として描かれている。映画そのままの寅次郎は、歌にはならなかったのだろうか。クレイジーキャッツの植木等が歌った「スーダラ節」「ハイそれまでヨ」などのどうしようもない男の姿は、真面目な映画の主題歌としては不適当だったというのだろうか。

座頭市と同じ、差別されたり憐れまれたりする立場の寅次郎だ。しかし、座頭市はその憐れむ人の難儀を剣で助ける。寅次郎は迷惑をかけたあと、失恋の傷みをかくし、いたたまれずに商いに出かけていく。この違いがおもしろい。

映画「座頭市」は六〇年安保の余燼《よじん》がようやく消えた昭和三十七年に始まり、政治的闘争が、常に、どこかで起っている時期に制作されつづけた。そしてあの日大闘争（昭和四十三年）から始まり、東大安田講堂事件、よど号ハイジャック事件、群馬県山岳地帯でのリンチからあさま山荘立て籠りに至る連合赤軍事件（昭和四十六、七年）を最後に奇妙に終息したかの如く見える昭和四十八年で一応制作が止められた。

映画「男はつらいよ」は、日大闘争の頃に制作《つく》られ始め、坩堝《るつぼ》のような政治的時代が終ってからこの映画の力が発揮され、持て囃され、平成七年末に封切られた「男はつらいよ　寅次郎紅の花」を最後に、渥美清の病気、死によって終った。

この、いわゆる股旅物とは異なるが、でも一種の股旅物といえる二つの映画の制作された時期の違いは、ちょっと考えさせる何かを秘めているのではないかと思うのだが……。

折角、戦後のパージが解かれ、股旅物が制作《つく》られはじめながら、戦前のヤクザ路線の歌は、ほとんど復活せず、いつの間にか消滅してしまった感がある。ここに挙げた股旅物は、戦前のそれとはまったく掛け離れた姿の歌で、股旅物とは認めない、という人もいるかもしれない。しかし、どこかで社会に背を向け、斜《しゃ》に構えているヤクザの精神《こころ》（？）は伝わっていると思うのだが。

ただ、かつての股旅物は、ヤクザに対して、いわゆる半端者、極道者と見ながらも、彼らの姿、生き方、精神を許していた感がある。〝人情〟という言葉がふさわしい歌だ。高田浩吉の歌も、橋幸夫のデビュー曲「潮来笠」にしても、曲も詞もどこかアッケラカンとしていて、戦前の股旅物とはちょっと違っている。戦後の他のヤクザ物も戦前とは異なっている。それは、その世界に、仕方なく足を踏み入れてしまった者の心の哀しさ侘しさが歌われている、ということだ。「大利根無情」の平手造酒にしても「座頭市」にしても、そこから抜け出たい、そして、まともな暮らしをしたいという思いをずっと抱いている。その心情《こころ》が、歌詞の隅々に感じられる。

昭和四十年に出た「網走番外地」（タカオ・カンベ詞、山田栄一曲）は、伊藤一原作で、映画「網走番外地」が学生やインテリといわれる者たちに受け入れられてヒットしたことにより創られた。この歌の主人公も、この世界からの脱出を心の底には抱いているのだ。

一、春に　春に追われし　花も散る
　酒《きす》ひけ酒ひけ　酒暮れて
　どうせ俺《おい》らの　行く先は
　その名も　網走番外地

二、キラリ　キラリ光った　流れ星
　燃えるこの身は　北の果て
　姓は誰々　名は誰々

その名も　網走番外地

三、遥か　遥か彼方にゃ　オホーツク
紅《あか》い真っ紅な　ハマナスが
海を見てます　泣いてます
その名も　網走番外地

四、追われ　追われこの身を　ふるさとで
かばってくれた　可愛い娘《こ》
かけてやりたや　優《やさ》言葉
今の俺《おい》らじゃ　ままならぬ

どういう罪かはわからないが、網走刑務所に収監されるまで、この男はどんな生活をしていたのか。高倉健や嵐寛寿郎の演じた役は、ただの犯罪者でなく、ヤクザ風な人物だった。この歌も股旅物の一種と言えよう。やはり「大利根無情」や「座頭市」と同じく、主人公は、元に戻りたいのに戻れない苦悩の末に到り着いた姿として歌われる。四番最後の「今の俺らじゃ　ままならぬ」の詞が、その心を沁々と伝える。

戦前の股旅物、戦後の二種の股旅物、この違いは、「歌は世に連れ」を如実に示しているように思える。流行歌の典型だ。

女の情念《こころ》

昭和三十四年に始まった「日本レコード大賞」の新人賞（第二回より設置）は、橋幸夫を最初の受賞者として実力ある新人歌手を多数おくり出した。

昭和五十一年は、いわゆる大原事件、克美しげる愛人殺人事件という歌謡界を揺るがす二つの大きな事件があった。歌手になりたい大原みどりの家から二億六千万円の金をだましとったという大原事件。人気が落目になった克美しげるが、スキャンダル発覚を惧《おそ》れて愛人を殺してしまった事件。

五月に新沼謙治が「嫁に来ないか」（阿久悠詞、川口真曲）でデビューした。

一、嫁に来ないか　ぼくのところへ
　さくら色した　君がほしいよ
日の暮の公園で　ギターを弾いて
なぜかしら忘れ物している気になった
しあわせという奴を探してあげるから
＊嫁に　嫁に来ないか

からだ　からだひとつで＊

二、嫁に来ないか　ぼくのところへ
財布はたいて　指輪買ったよ
たんぽぽを指にはめ　よろこんでいた
あの頃と同じよに笑ってくれるかい
傾いたこの部屋も綺麗に片づける
＊繰り返し＊

三、嫁に来ないか　ぼくのところへ
夏の花嫁　迎えに行くよ
真夜中のスナックで水割りなめて
君のことあれこれと考えているのさ
しあわせという言葉ぼくにはキザだけど
＊繰り返し＊

大原事件も、克美事件も、五月に発覚した。その月に出たこの歌の純愛そのものと、二つの事件とのあまりに掛け離れた内容に驚く。大原事件の主犯逮捕と克美しげる事件発覚とは同じ五月八日だった。その日の夕刊は、この二つの事件で社会面は埋まった。〝スターへの道〟に対する執念、そして、一度スターとなり、栄光を知った者のその場所への執着は、実に計り知れないものがある。それにしても、親心に付け入り、二億六千万円もだましとる犯人、今流行りの振り込め詐欺と同様の無慈悲さだ。車のトランクに遺骸を入れたまま羽田空港の屋外駐車場に二日も放置するという杜撰さ、お粗末さに呆れた。

対して、「嫁に来ないか」は聞く者を安心させる。人の心の裡におそらく誰もが持ちあわせているであろうドロドロしたものとは、まったく関わりないようなこうした歌だけでは流行歌はなりたたない。時に毒となる。時に薬となる。時に安らぎとなる。

新沼謙治は岩手県の大船渡出身のため、かすかに東北訛りを感じさせる歌い方が、曲と詞が伝えるより以上の素朴さと純情さを滲み出させていた。

九月、この年のレコード大賞新人賞を受賞する内藤やす子の「想い出ぼろぼろ」（阿木燿子詞、宇崎竜童曲）が出る。この歌は、「嫁に来ないか」とはまったく正反対の内容だ。

一、ドアを細目に開けながら　夜更けにアイツが帰ってくる
　蛇口に顔を近づけて　水飲む音が聞こえてくる
＊言い訳つくろうその前に　やさしさ装うその前に
　聞いておきたい事がある　だけど＊
　幸福《しあわせ》ぼろぼろ　こぼれるから

　寝がえり打って　夢ん中
二、時計をはずす影一つ　薄明かりのなか映っている
　着替えの間《あいだ》漂うは　私の知らない移り香だよ
　＊繰り返し＊
　涙がぽろぽろ　溢れるから
　布団かぶって　夜ん中
三　酔いにまかせた体ごと　足音しのばせ眠る人
　背中合せのぬくもりと　静かな寝息が聞こえてくる
　＊繰り返し＊
　想い出ぽろぽろ　くずれるから
　瞳こらして　闇ん中　（傍点・久米）

ハスキーな内藤やす子の声が「寝がえりを打っ」て「布団をかぶ」り「闇の中」で「瞳をこら」さないではいられない、〝女の切なさ〟などという甘ったれた言葉では言いあらわせない苦衷を訴えてくる。

昭和四十九年十二月、宇崎竜童率いるダウンタウン・ブギウギバンドが三枚目のレコードとして出した「スモーキン・ブギ」がヒットする。そして四ヵ月後の五十年四月に出た

阿木燿子詞、宇崎竜童曲の「港のヨーコ・ヨコハマ・ヨコスカ」が大ヒットとなる。「アンタ　あの娘《こ》のなんなのさ！」というセリフが大流行した。その油ののった二人の作詞、作曲が「想い出ぼろぼろ」だ。この二人、竜童が彼女に惚れて、大学時代、まるで秀吉が竹中半兵衛を再三再四訪問し、門前に坐り込んで迎えたように口説き落として一緒になったという話をきいた。そんな仲の妻である阿木燿子が「瞳こらして　闇ん中」などという強烈な詞を書くとは、実に驚いたものだった。

「寝がえり打って　夢ん中」に逃れ、「布団かぶって　夜ん中」で忘れよう、押さえようとしてきた女が夜中、かっと目を見開いて闇の一点を見つめている。まさに般若《はんにゃ》としか言いようのない女の怖さだ。この詞は、なまなかなことでは出てこないものだと思う。どのようにして阿木燿子はこの詞を紡ぎ出したのだろう。

大原みどりは消え、克美しげるは出所後、カラオケ教室を開いたりしたが、二度と浮上しなかったばかりか、彼の歌った歌も一切消えてしまった。あの事件以前には、克美しげるの歌も何曲か歌った覚えがあるが、今、思い出そうとしても、まったく浮かんでこない。

この年は、三月にキャンディーズの「春一番」（穂口雄右詞曲）、四月には棋士の内藤国雄が「おゆき」（関根浩子詞、弦哲也曲）を出してヒットする。また八月にはピンク・レディーが「ペッパー警部」（阿久悠詞、都倉俊一曲）で、まさに衝撃的にデビューした。

他に八月には森田公一が「青春時代」（阿久悠詞、森田公一曲）、八代亜紀「もう一度逢いたい」（山口洋子詞、野崎真一曲）、杉良太郎の「すきま風」（いではく詞、遠藤実曲）などがヒットしている。その中で、ここに詞を引用した二曲は、極端にかけ離れた内容の歌だ。他はなるほど、と頷ける歌で、それなりに良い歌と言えよう。だが「嫁に来ないか」と「想い出ぼろぼろ」は、それぞれに人の心を引きつける。というより、両極端ということでぼくの心を捉える。

特に阿木燿子の詞は強烈だ。一番、二番、三番とすすむにつれて、女の、どうしようもない男への想いが聞く者に迫ってくる。そして「瞳こらして　闇ん中」に到り着く。男への懐しさと妬ましさ、愛しさと憎さ、哀しさと苦しさが深まる。凝縮され、爆発寸前だ。また、あくまでも「ぼろぼろ」であって、「ほろほろ」や「ぽろぽろ」ではない。ましてや「はらはら」など、この歌にはまったく関わりない言葉だ。そして、「幸せこぼれるから」「涙溢れるから」「想い出くずれるから」ではなおいけない。「ぼろぼろ」が挿入されることによって、こぼれる幸せ、溢れる涙、くずれる想い出が女の心を強烈に締めつける。こんなに相応しいオノマトペを、他に知らない。

流行歌にオノマトペは意外と少ない。〝しんしんと降る雪〟といった常套詞が、時に見えるくらいだ。短い詞の中で状況を詠うのには、オノマトペは非常に難しい言葉なのかもしれない。擬音語は、それ自体意味を示し、きまり文句として定着してしまっている場合も多く、それに引き摺られて、陳腐な詞になってしまうことになる。普通の文章でも、オノマトペは使用するな、と教えられる、しかし、この「想い出ぼろぼろ」のように嵌まった時の快感はない。

また、「言い訳つくろうその前に　やさしさ装うその前に　聞いておきたい事があるだけど」の繰り返し（リフレーン）の凄さに驚く。傍点を打った「つくろう」と「装う」。「つくろう」は「具合の悪い事を隠してうまくその場を済ます」、「装う」は「真実は違うのに、如何にもそれらしく見せかける」という意味だ。

これも「ぼろぼろ」とおなじで、「言い訳を言う」ではいけない、「やさしい姿」でもいけない。「言い訳」も「やさしさ」も男の本心ではないことがわかっていると女は言いたいのだ。それでいながら、聞きたい事がある、でも、それを聞いたら、すべてが崩れる、いや、すでに壊れているのに、心の底にはまだ小さな思いが疼いている。このリフレーンによって、各連の終りの傍点部が立ち上って耳に、目に飛び込んで来る。

小説家渡辺淳一が言っていた。女はか弱く、男に泣かされ、別れてもずっと思いつづけ、なかなかそこから抜け出すことが出来ないと言われるが、実は、男の方が、ずっと女々しい心の持主だ、と。

流行歌に、女々しい男はほとんど登場しない。別れた男を引きずっている女ばかりが描かれる。これまで例として挙げた「かもめという名の酒場」にしても「悲しい酒」にしても、まさにそういう女だ。しかし、「想い出ぼろぼろ」の女は、その哀しみを踏み台にして、飛び出そうとしているように思える。新しい女、というより、女の持っている本来の情念《こころ》を描いた、詠った、といえるのではないか。

こんなことどもを思いながら、あらためてこの詞を読み、歌ってみると、作詞家阿木燿子の凄さと恐ろしさが窺い知れる。

この詞だけで阿木燿子を云々するのはいけないのかもしれないが、「想い出ぼろぼろ」の伝えてくる強烈なインパクトは、それだけで彼女の才を示していると思う。そんなに簡単にこの詞が創り出されるとは思えない。もちろん、ぼくは〝文学〟として評しているわけではない。詩ではなく、あくまでも、流行歌の詞だ。文学としての詩であったなら、こんなにクサい言葉の羅列はないだろう。それを彼女は、弁《わきま》えているとも言えよう。

〝お恵ちゃん〟の愛称で親しまれた松山恵子。都はるみが昭和三十九年にデビューする前に、お恵ちゃんは、ある種のウナリ節を歌っていた。「だから言ったじゃないの」（昭和三十二年、松井由利夫詞、島田逸平曲）、「お別れ公衆電話」（昭和三十四年、藤間哲郎詞、袴田宗孝曲）など、極端にビブラートを強く歌った。それは、聞く者によっては、ウナッている、とも思える歌い方だった。よく真似をしたものだった。いや、いまも真似する。

さてその松山恵子の歌に「未練の波止場」（昭和三十二年、松井由利夫詞、水時富士夫曲）がある。

一、もしも私が重荷になったらいいの
　捨てても　恨みはしない
　お願い　お願い
　連れて行ってよ　この船で
　ああ　霧が泣かせる　未練の波止場
二、たとえ港の花でも女は女
　嘘では　泣いたりしない
　お願い　お願い
　ひとりぼっちに　させないで
　ああ　風が泣かせる　未練の波止場
三、何といわりょと私はあきらめ切れぬ
　あなたを　離しはしない

お願い　お願い
船に乗せてよ　連れてって
ああ　ドラが泣かせる　未練の波止場

この、男への捨身の思い！「捨てられても恨まない、でも連れていってほしい」と迫られたら、男は逃げていくしかない。しかし女は追いかけて、必ず船に乗り込んで来る。「未練」といってはいるが、ただの未練ではない。「捨てても　恨みはしない」「女は女嘘では　泣いたりしない」「あなたを　離しはしない」のだ。この念《おも》い。誰が何と言おうと、どんな抵抗に遭おうが、好きな男に従いていく。その結果は、今この時には考えない。どうなってもいい……。

女の情念を詠った歌は、流行歌の中には多いと思っていたが、割合少ない。「未練の波止場」の十五年後の昭和四十七年、二曲あった。一曲は阿久悠詞、猪俣公章曲、藤圭子歌の「京都から博多まで」。もう一曲は石本美由起詞、猪俣公章曲、都はるみが歌った「女の海峡」だ。

まず「京都から博多まで」。

一、肩につめたい　小雨が重い
　思いきれない　未練が重い

鐘が鳴る鳴る　哀れむように
馬鹿な女というように
京都から博多まで　あなたを追って
西へ流れて行く女

二、二度も三度も　恋したあげく
やはりあなたと　心にきめた
汽車が行く行く　瀬戸内ぞいに
沈む気持をふり捨てて
京都から博多まで　あなたを追って
恋をたずねて行く女

三、京都育ちが　博多になれて
可愛いなまりも　いつしか消えた
ひとりしみじみ　不幸を感じ
ついてないわといいながら
京都から博多まで　あなたを追って
今日も逢えずに泣く女　（傍点・久米）

題名にもなっており、各連でリフレーンする「京都から博多まで」それにつづく「あなたを追って」。これは「未練の波止場」の「連れて行ってよ」「ひとりぼっちに　させないで」「離しはしない」に連動していないだろうか。「想い出ぼろぼろ」の「瞳こらして　闇ん中」とは異質の女の情念としか言いようのないものだ。

掠れた声の藤圭子が、ちょっと投げ遣りに歌う。そこには、京都から博多までの街や港で、生活《くらし》の、そして旅費の手立てをしながら、何日、いや何ヵ月もかかって博多に辿り着く、その女の姿が見えてくる。それが、一番の結び「西へ流れて行く女」の詞だ。消えた男を、すぐに追って行けはしない。女に、生活の余裕などある筈がない。そのこれまでの暮らしが、この詞で詠われている。そうまでして追う男への未練、情の強《こわ》さ。

博多に着いても、目指す男に会うことは出来ない。京言葉が博多訛りになるほどにこの街で暮らしても、会えない。逃げた男の噂を聞くため、ここでも、中洲に勤めたろうか。いや、場末のキャバレーか、一杯飲み屋か。しかし女は「今日も逢えずに泣く」しかない。もう一曲、「女の海峡」は、表に出て来ない、心の底に秘めた女の情念を詠っている。

一、別れることは　死ぬよりも
　もっと淋しい　ものなのね
　東京すてた　女がひとり

汽車から船に　のりかえて
北へ流れる　夜の海峡　雪が舞う
二、くだけた恋に　泣けるのか
雪がふるから　泣けるのか
ふたたび生きて　あう日はないと
心にきめた　旅なのに
未練ふかまる　夜の海峡　別れ波
三、命と思う　愛もなく
海のくらさが　目にしみる
汽笛よ波よ　おしえておくれ
私のあすは　どこにある
心つめたい　夜の海峡　ひとり旅（傍点・久米）

この歌にも「未練」という言葉が使われる。別れた男を忘れる旅。たぶん、男は東京にいるのだろう。その東京を捨て、青森まで汽車で来、青函連絡船に乗り換え、函館へ行く。北海道は、女にとって未知の場所なのだろう。しかし故郷《ふるさと》へは帰れない。一人で、知らぬ土地を旅する女の意気地。「東京をす」て、再び「あう日はない」と決めた旅だけれど

「未練はふかまり、「海のくらさが目にしみる」、「明日」は私にはもう来ないのか、いや、何処かにあるかもしれない。それを探す旅でもある。

連絡船の舷側からは真っ暗な海しか感じられない。空からは冷たい雪が舞い降りてくる。海と空の暗さに紛れていた雪は突然、船の灯りに入り、その姿をあらわす。海よりも、私の心はもっと冥《くら》い。だから、普通なら染みる筈のない「海のくらさが目にしみる」。

生きてまたあの人に会う日は無いと、心に決めていながら、この北の海峡の連絡船に乗ると、未練も頭を擡《もた》げる、深くなる。波も、雪も、汽笛も、一瞬後には消えてしまう。そして、男の心の灯も消えてしまった。でも、私の心にはまだ消え残っている。それを消すために東京を捨てた旅なのに、未練が……。「死ぬより淋しい」のが別れることだなんて、初めて私は知った。

流行歌には、「死」がよく出てくる。「死ぬまで一緒」という詞もある。「北の宿から」(昭和五十一年、阿久悠詞、小林亜星曲、都はるみ歌)では「あなた死んでもいいですか」とある意味脅迫とも受け取れる詞がでてくる。これらは言わば、「死」についての当り前の感覚と言えよう。しかし、流行歌では「死ぬほど好き」「死ぬほど愛して」という詞がよく遣われる。これが、わかったようなわからないような詞ではないか。

「死」を究極と考え、そこまで愛する、そこまで好き、ということなのだろうが、それこそ「死んで花実が咲くものか」ではないか。
同じ昭和四十七年にこんな歌がある。
一、花よ綺麗とおだてられ
　咲いてみせれば　すぐ散らされる
　馬鹿なバカな　馬鹿な女の　怨み節
二、運命《さだめ》哀しとあきらめて
　泣きをみせれば　また泣かされる
　女おんな　女なみだの　怨み節
三、憎い口惜しい許せない
　消すに消えない　忘れられない
　尽きぬつきぬ　尽きぬ女の　怨み節
四、夢よ未練と嗤われて
　覚めてみせます　まだ覚めきれぬ
　女おんな　女ごころの　怨み節
五、真赤なバラにゃトゲがある
　刺したかないが　刺さずにゃおかぬ

燃えるもえる　燃える女の　怨み節
六、死んで花実が咲くじゃなし
　怨み一筋　生きて行く
　女おんな　女いのちの　怨み節

女優の梶芽衣子が、遣る気ないような調子で、女の怖さ、情念《こころ》を歌った「怨み節」（伊藤俊也詞、菊地俊輔曲）だ。題名からして凄い。

「憎い口惜しい許せない　消すに消せない　忘れられない」から、「刺したかないが　刺さずにゃおかぬ」、でも「死んで花実が咲くじゃなし」、こうなりゃ「怨み一筋　生きて行く」。

「死」とは、こういうものだと思う。それを原動力として「生き抜」く。それが出来るのが女なのかもしれない。渡辺淳一ではないが、男はへたり込んでしまうのか。そして、女の情念《こころ》を詠っている歌の主人公たちは、「死ぬ」とか「死にたい」とか、「死」を譬えとして「好き」とか「愛して」とかという甘えた言葉は絶対に吐かない。「闇ん中」で「瞳を凝ら」し、捨てられても捨てられても、恨まずに追いかけていく、生き抜いていく。

　華厳の滝から飛び込んだ一高の学生藤村操は、樹の幹を削って遺した「巌頭之感」で当時の若者たちのアイドルとなったが、実は、単なる失恋自殺だった、という。しかし、その女々しい姿を晒すのはいかにもみっともない、恥かしい、恰好よく死んだ姿を残したい、というういじましい思いから刻んだ「巌頭之感」だったという訳だ。それが男というものなのだろうか。女は、地に這いつくばっても、土を嘗めても、生きていく。そして、男を見返す。

女の悲哀が多く詠われる流行歌だが、怖ろしいばかりに強い情念《こころ》が、時に詠われる。また、男が女に求める究極の愛の形、情熱の表出を詠っている。あるいはそれは、作詞家の多くが男性だということが理由かもしれない。そして、そういう歌は心に残り、ヒットする。

告別《わかれ》

昭和四十七年九月、ちあきなおみが歌った「喝采」(吉田旺詞、中村泰士曲)が出た。

一、いつものように　幕が開き
　恋の歌　うたう私に
　届いた報せは　黒い縁《ふち》どりがありました
　あれは三年前　止めるあなた駅に残し
　動き始めた汽車に　ひとり飛びのった
　ひなびた町の昼下り
　教会の前にたたずみ
　喪服の私は　祈る言葉さえ失くしてた

二、つたがからまる　白いかべ
　細い影　長くおとして
　ひとりの私は　こぼす涙さえ忘れてた
　暗い待合室　話すひともない私の

耳を私の歌が　通りすぎてゆく
いつものように幕が開く
降りそそぐライトのその中
それでも私は　今日も恋の歌うたってる

恋を捨てた歌手が恋の歌を歌う。それも、止める恋人の手を振り払うようにして飛び出した町から届いた彼の死を知っても、舞台で歌わなくてはいけないという歌手の哀しい性《さが》。

歌い出しの「いつものように　幕が開き」という唐突とも言える詞は、彼女のやりきれない運命《さだめ》を詠い、「黒い縁どりがありました」に重くかかっていく。「暗い待合室」で「こぼす涙さえ忘れて」しまうほどに打ちひしがれている女の耳に自分が歌った恋の歌がどこからともなく聞えてくる。あの三年前、前後も考えず、ただ歌い手になりたい一心で、生まれ育った町を出奔したことに対して振り下ろされた鉄槌のように響く。しかし今、彼女は、また、目眩《めくるめ》くようなライトに照らされて、舞台の上で歌わなくてはならない。一曲終れば、客席からは盛大な拍手喝采が浴びせられる。とぼくが書いた傍点を打った言葉「喝采」。ところが、この歌詞には、一切「喝采」という言葉は書かれていない。しかし、何故、この歌の題名を「喝采」としたのか？　町を出た時、彼女は身に受ける「喝采」を夢見ていた。今、それを身体いっぱいに浴びる立場になった。けれど「私を止めたあの人のいなくなった今、何と虚ろに響くことだろう。でも、また今日も恋の歌を歌っている私……」

昨日までの「喝采」と今日の「喝采」との大きな違い。

この年「喝采」はレコード大賞を受賞した。受賞式をテレビで見ていた。どんなときも、自分の歌う歌に全身全霊を籠めているちあきなおみが、泣けて、声はとぎれがち、音程は狂っていた。

四月、小柳ルミ子が「瀬戸の花嫁」（山上路夫詞、平尾昌晃曲）を出していて、これがレコード大賞の本命と言われていた。「喝采」は九月だから、選考会まで三ヵ月しかない。いかに良い歌であっても、大賞受賞は無理だろうというのが、一般の見方だったという。それが、開けてみたら大賞で「瀬戸の花嫁」は歌唱賞となった。ちあきなおみの受賞式での姿は充分に頷けるものだった。

「黒い縁どりがありました」とこのフレーズだけ丁寧語で書き、ポンッと「あれは三年前」と過去に遡る心にくさ。そして「ひなびた町の昼下り」の詞は三年前の「動き始めた汽車に　ひとり飛びのった」時と、「教会の前にたたず」んでいる今とを繋ぐ。

この短い詞で、主人公の歌手のこれまでの生、亡くなった彼との関わり、そこから導き出される彼女の今の情況、そしてこれからの生き方に思いをいたさせる。

これが流行歌でなくて、なんだろう！

もう一曲、告別《わかれ》の歌がある。昭和五十年に出た「ともしび」（悠木圭子詞、鈴木淳曲、八代亜紀歌）がそれだ。

一、あなたの命のともしびが
もうすぐ消えると聞かされた
ああ編みかけのカーディガン
それができたら夜明けの釣も
もう寒くはないねと細くなった手で
私の手を握るあなた
明るく笑ってあなたをだまし
ただ祈るだけの私でした

二、何《なん》にも知らずにこの春の
桜の花びら散るころは
ああ教会で鐘が鳴る
白いドレスの花嫁衣裳
早く見たいとはしゃいで細くなった手で
私の手を握るあなた

どうすればいいの何が出来るの
ただ祈るだけの私でした

あれから二度目の春が来たけど
私の中に生きてるあなた

冬の寒さの残る春まだ浅い夕べ、病院のベッドに横たわる彼の傍らでカーディガンを編む彼女は、面にあらわせない苦衷でいっぱいだった。「あなたの命のともしびが」桜の咲くのを待たずに消えてしまうと聞かされた、その悲しみを一人で抱えていなくてはならない。できることと言えば秘かに「ただ祈る」だけ。あれから二年が経ったけれど、「あなた」を忘れることなど出来はしない。「私の中に生きてる」だけではない、心の中で成長している「あなた」。春が来るたびに、淋しさと悲哀《かなしさ》は強くなる。「桜の花なんか！　一生、花嫁衣裳は着ないわ！」そんな女の叫びが聞えてくるようだ。

「喝采」には、葬儀の様は詠われず、「教会の前にたたずみ　喪服の私は　祈る言葉さえ失くしてた」と、微かにそれを感じさせるだけだった。

しかし「ともしび」では、彼の死を、一切言葉にしていない。「あれから二度目の春が来たけど」と亡くなって二年後の桜の季節に話を移して、女の悲哀《かなしみ》をその行間に籠める。

作詞者悠木圭子と作曲者鈴木淳は夫婦である。彼女は藤田佳子という芸名の女優だった。鈴木淳と結婚してからか、その前からか、いつの間にか作詞家として名をあげてきた。

人間の記憶とは、実に当てにならないものだとつくづく感じた。悠木圭子の女優だった時のＴＶドラマ「あざのある女」が大変に印象に残っているのでそのことを書こうと思った。おそらく昭和四十五年前後だったろうと、インターネットで調べたら、なんとなんと、それより十年以上前の昭和三十四年十月に放送されたものだった。作者は矢代静一で、この年の芸術祭参加ドラマだった。実は、藤田佳子のドラマは、この一作しかぼくは観ていない。しかし、非常に強く残っているのは、よほど良いドラマだったたか、藤田佳子の演技が上手かったたか、顔についていたあざを取ったあとの女の美しさに魅かれたのか。その女優藤田佳子が、八代亜紀の作詞家として、作曲家鈴木淳と三人でＴＶに映っているではないか。あの時は本当に驚いた。

昭和四十六年にデビューしてはいたけれど、まったくヒットのなかった八代亜紀は、五木ひろしが「よこはま・たそがれ」で再デビューするきっかけとなった「全日本歌謡選手権」に出場、十週勝ち抜き、「なみだ恋」で昭和四十八年二月、再デビューという訳だった。この時から、悠木圭子、鈴木淳夫妻のつくった曲が数曲つづいた。

「ともしび」は、このコンビの作品中で、ぼくがもっとも好きな曲だ。押さえた言葉遣いと、直接に詠わないことで、女の哀しみを際立たせる。「ともしび」とは「火」すなわち「明り」を「点す」意だから、もともとは明るい意味合いがある。昭和三十二年の「山小屋の灯」(米山正夫詞曲)にしても、ロシア民謡「灯」にしても、微かな明りの向うに輝く喜びを歌っている。しかし、この歌の「ともしび」は、ちょっとした隙間風にも、子供の寝息にさえ消えてしまいそうな、儚い灯りだ。

八代亜紀の低くハスキーではあるが伸びのある声で囁くように歌われると、告別《わかれ》の悲しみが言葉の底に鎮められたあとに、じわじわと浮きあがってくる。それが、歌の上手い歌手というものだ。そして、それを知るのが、作詞家であり、作曲家だ。「喝采」の吉田旺、中村泰士も、「ともしび」の悠木圭子、鈴木淳も、そういう作家だ。

「告別《わかれ》」特に女性から男性、すなわち恋人への告別の歌は多いようで割合少ない。「妻を恋うる唄」(昭和四十年、岩谷時子詞、吉田正曲、フランク永井歌)、「精霊流し」(昭和四十九年、さだまさし詞曲歌)、「青葉城恋唄」(星間船一詞、さとう宗幸曲歌)といった曲が、思い出される。

反対に、今は亡い女性を恋う歌もある。昭和三十七年、橋幸夫が歌った「江梨子」(佐伯孝夫詞、吉田正曲)、昭和四十一年、舟木一夫歌、西条八十詞、市川昭介曲の「絶唱」などがヒットした歌だ。

一曲、死んだ男への告別、亡くなった女への思いを詠ったものでない歌がある。それは「愛と死をみつめて」（昭和三十九年、大矢弘子詞、土田啓四郎曲、青山和子歌）だ。これは、軟骨肉腫に罹った大島みちこが、恋人の河野実との往復書簡集『愛と死をみつめて』と彼女の病床日記『若きいのちの日記』を題材として、亡くなった大島みちこが、残った河野実への愛を詠った、という設定の歌だ。

一、まこ……
甘えてばかりで　ごめんネ
みこは……とっても幸せなの
はかないいのちと　知った日に
意地悪いって　泣いたとき
涙をふいてくれた……まこ

二、まこ……
わがままいって　ごめんネ
みこは……ほんとにうれしかったの
たとえその瞳《め》は　見えずとも
ふたりでゆめみた　信濃路を

せおって歩くといった……まこ

三、まこ……
げんきになれずに　ごめんネ
みこは……もっと生きたかったの
たとえこの身は　召されても
二人の愛は　永遠《とわ》に咲く
みこのいのちを生きて……まこ

これは、この年のレコード大賞になった曲だが、ぼくは、どうも好きになれない。数年前に社会現象にまでなった「世界の中心で愛を叫ぶ」と同じで、この歌からは、まこもみこも立ちあがって来ないのだ。何故レコード大賞になったのか、ぼくには理解できない。もちろん、流行歌には曲調がいろいろあってしかるべきだが、いわゆる艶歌（怨歌・演歌）には、この歌や新沼謙治の「嫁に来ないか」などいわゆる純愛物の歌は少ない。

流行歌に純愛は似合わないのか。

連絡船

青函トンネルが出来る以前は、青函連絡船が本州と北海道を結んでいた。飛行機は、函館にも札幌にも飛んで行くが、一時間半程で東京から北海道へ移動できてしまう。これでは、〝別れ〟としては味気ないものだ。テープで別れを惜しみ、船影が水平線の彼方へ消えるまで見送る。連絡船の〝別れ〟は流行歌の題材として恰好なものではないか。

昭和二十六年、菅原都々子の「連絡船の唄」（大高ひさを詞、金海松曲）がヒットした。

一、思い切れない　未練のテープ
　切れてせつない　女の恋ごころ
　汽笛ひと声　汽笛ひと声
　涙の波止場に
　＊わたし一人を　捨ててゆく
　……連絡船よ＊

二、お国なまりが　今さら悲し
　あれが形見か　別れの船唄よ

翼あるなら　翼あるなら
行きたい思いの
＊繰り返し＊
三、霧の海峡の　航海灯は
いつか港に　帰ってくるものを
帰るあてない　帰るあてない
恋ゆえ身を焦《や》く
＊繰り返し＊

この歌は、女を捨てて本土へ旅立つ男を港に見送る女の男への想いを詠う。地つづきでないということの儚さ、淋しさ。すべてが、完全に離され、相会うことが叶わなくなる、そう思わせるものが、連絡船にはあったようだ。

「思い切れない　未練のテープ」は、各連の終わりのリフレーン「わたし一人を　捨ててゆく」にかかり、思い入れたあとに「連絡船よ」と締めくくる。捨ててはゆくのだが、この船はあくまで連絡船なのだ。三番の「いつか港に　帰ってくるものを」だ。しかし今は「帰るあてない　帰るあてない」彼を、この未練のテープを切って送るしかない。

菅原都々子のチリメンのようなビブラートで切々と歌われると、まるで自分がテープをしっかりと摑み、涙を溜めた眼で、じっと船上の彼を見つめている女になったような気がしたものだった。まだ小学校四、五年生だった筈なのだが。

昭和五十二年、「津軽海峡冬景色」（阿久悠詞、三木たかし曲）を石川さゆりが歌ってヒットする。フジテレビの「チビッコ歌謡曲」で優勝してデビューしたのが四年前の四十八年、十五歳だった。四年間、鳴かず飛ばずだった。十五枚目のシングルで大ヒットとなった石川さゆりという歌い手は、この歌でデビューしたのではないか、と思ったりした。それにしても、石川さゆりの歌唱力は抜群だった。

一、上野発の夜行列車　おりた時から
　青森駅は雪の中
　北へ帰る人の群は　誰も無口で
　海鳴りだけをきいている
　私もひとり　連絡船に乗り
　こごえそうな鷗見つめ
　泣いていました
　ああ　津軽海峡冬景色
二、ごらんあれが竜飛岬《たっぴみさき》　北のはずれと

見知らぬ人が指をさす
息でくもる窓のガラス　ふいてみたけど
はるかにかすみ見えるだけ
＊さよならあなた　私は帰ります
風の音が胸をゆする
泣けとばかりに
ああ　津軽海峡冬景色＊
＊繰り返し＊（傍点・久米）

男と別れて北へ帰る女。これまでの別れの歌とは主役が異なり、帰ってゆく女のモノローグだ。何故別れたのか。連絡船に乗って泣いている女。別れたくないのに袂を分かたなくてはならなかった女。男は別に女をつくったのかもしれない。あるいは意に添わない結婚をしなくてはいけなくなったのか。いずれにしろ、女は男と別れなければならなかったというわけだ。おそらく男と暮らしていたのは東京だろう。上野駅から夜行列車に乗ったけれど、汽車の揺れる座席で眠れるわけがない。ずっと一人、涙をこらえて辿り着いた青森。明けやらぬ港から乗った連絡船の乗客たちは、誰も口を開かない。そして、「私も」黙ったまま冬の津軽海峡をただ見つめているだけ。冬の青函連絡船の乗客は皆、無口だ。

北へ帰る「私も」無口となる。

石川さゆりは、おそらく、この歌にすべてを賭けていたにちがいない、と思われるほどに、力の入った歌だった。「私もひとり」を「わー」と儚げに延ばし、「も」と「ひ」の間に一瞬、間と言えない間を入れる。この情感は、十九歳の少女のものではなかった。それは二番の後半のリフレーン「さよならあなた」もそうだった。そして各連最後の「ああ津軽海峡冬景色」の「ああ」で聞く者の涙を誘った。低音から高音に移っていく声は、裏がえるようでいながら一歩手前で踏みとどまる、かと思うと裏がえる、その間《あわい》を保つ程の良さにしびれた。これは誰にも真似が出来るものではない。

そして三回出てくる「津軽海峡冬景色」。漢字で書くと全体にただ四角っぽいイメージだが、石川さゆりにかかると、ジンジンと肌を刺す尖ったような寒さと、それを倍加するように吹く北国の風が、「私」の凍えそうな心そのままだと納得させられる。

まさに、詞と曲と歌い手が一つとなった流行歌の典型と言える。

この歌でレコード大賞歌唱賞を受けた。昭和六十年に「波止場しぐれ」（吉岡治詞、岡千秋曲）で、平成元年には「風の盆恋歌」（なかにし礼詞、三木たかし曲）で最優秀歌唱賞を受けたが、ぼくは「津軽海峡冬景色」の方が、石川さゆりの力量を示していると思った。

ちょっと毛色の変った連絡船がある。それは、伊豆大島と東京を結ぶ船だ。昭和三十九年に「困るのことヨ」でデビューした都はるみが「アンコ椿は恋の花」「馬鹿っちょ出船」とヒット曲を出してきたあと、昭和四十年に出した「涙の連絡船」（関沢新一詞・市川昭介曲）がそれだ。

一、いつも群飛《むれと》ぶ　かもめさえ
とうに忘れた　恋なのに
今夜も　汽笛が　汽笛が　汽笛が
独りぼっちで　泣いている
忘れられない　私がばかね
連絡船の　着く港

二、きっとくるよの　気休めは
旅のお方の　口ぐせか
今夜も　汽笛が　汽笛が　汽笛が
風の便りを　待てと言う
たった一夜《ひとよ》の　思い出なのに
連絡船の　着く港

三、船はいつかは　帰るけど
　待てど戻らぬ　人もあろ
　今夜も　汽笛が　汽笛が　汽笛が
　暗い波間で　泣きじゃくる
　泣けばちるちる　涙のつぶが
　　連絡船の　着く港

「アンコ椿は恋の花」（星野哲郎詞、市川昭介曲）、「馬鹿っちょ出船」（石本美由起詞、市川昭介曲）で、はるみ流ウナリ節を確立し、ウナらなくては都はるみではない、とまで言われるほどになったが、この「涙の連絡船」ではウナリを使わず、しっとりと歌った。「今夜も　汽笛が……」のリフレーンでは、押さえきれない思いをグッと押し込める歌手都はるみがいた。

「連絡船」は、必ず帰ってくる、とここまで書いて、フッと気づいた。この連絡船はあるいは青函連絡船なのかもしれないと。この詞の中で、特定の航路や港を示す語は一つも使用されていない。「アンコ椿は恋の花」の印象があまりに大きく、「馬鹿っちょ出船」の旅人ではないマドロスへの想いを歌った曲のイメージが強かったことで伊豆大島への連絡船だと、勝手に思っていたのかもしれない。

それにしても、この歌の各連の初めには、「いつも群飛ぶ」「きっとくるよの」「船はいつかは　帰るけど」と、必ず帰ってくるという思いを込めた詞が書かれている。これが各連最後の「連絡船の　着く港」と呼応する。この初めと終りの詞に挟まれた詞が、このために活きてくる。「とうに忘れた……忘れられない」「旅のお方の　口ぐせか……風の便りを待てと言う　たった一夜の」「待てど戻らぬ　人もあろ」そして執拗《しっこ》いくらいに三番で「泣きじゃくる　泣けばちるちる　涙のつぶが」と、一番の「泣いている」に呼応する〝泣く〟が嫌味でなく響かう。そして、これも執拗《しつよう》に「今夜も汽笛が　汽笛が　汽笛が」と繰り返す。そこにはいつもの見慣れた港の姿。

散る「涙のつぶ」は、「暗い波間」で波と同化して消えていく。私にとっては一生の思い出なのに、旅の人にとっては、この涙と同じ、波間に消えていくだけのものなのだ。

都はるみ十八歳の時の歌だ。昭和三十九年、「アンコ椿は恋の花」で新人賞、五十一年、「北の宿から」で大賞、「大阪しぐれ」で五十五年に最優秀歌唱賞と、レコード大賞の三冠を受賞したのは都はるみだけだ。しかしぼくは、「涙の連絡船」の都はるみが、一番好きだ。

もう一曲、昭和四十一年に森進一が歌った「港町ブルース」（深津武志詞、なかにし礼補作、猪俣公章曲）がある。

一、背のびして見る海峡を

今日も汽笛が遠ざかる
あなたにあげた　夜をかえして
港　港　函館　通り雨

二、流す涙で割る酒は
だました男の味がする
あなたの影を　ひきずりながら
港　宮古　釜石　気仙沼

三、出船　入船　別れ船
あなた乗せない帰り船
うしろ姿も　他人のそら似
港　三崎　焼津に　御前崎

四、別れりゃ三月《みつき》　待ちわびる
女心のやるせなさ
明日はいらない　今夜が欲しい
港　高知　高松　八幡浜

五、呼んでとどかぬ人の名を

こぼれた酒と指で書く
海に涙の　ああ愚痴ばかり
港　別府　長崎　枕崎

六、女心の残り火は
燃えて身をやく桜島
ここは鹿児島　旅路の果てか
港　港町ブルースよ

北から南まで、六番に亙って港町を辿る女の旅路。一番で別れた男を二番から六番まで、追って行く旅なのか。といったことよりも、海に囲まれた日本の港町を巡る、いわば今流行りの御当地ソングの走りとも言えるか。しかしぼくは、この歌の一番の詞に、滅茶苦茶に感心するのだ。

どんな港でも、桟橋は海に突き出ていて、背伸びしてもしなくても、彼方の海の見える距離は変りない、船の影は同じように水平線に消える。しかし、函館の女は、背伸びして海峡の向うを見る。背伸びしないではいられない。きっと爪先立っているだろう。その海峡を今日も青森に向かって遠ざかる汽笛が聞こえる。昨夜を共に過ごしたあの人が乗っている。戻ってほしい。昨日の夜を返してほしい。その思いが「背のびして見る」の詞になる。あなたにとっては、港町で、たった一夜の雨宿りをしただけにすぎないのかもしれない。そう、ただの「通り雨」でしかないのね。けれど、私には、今までになく心の襞に残された男性《ひと》だった。男に不慣れな女だとは思ってないのに、何故、こんなにもあの人に心を奪われ、囚われてしまったのかしら。

港町のクラブのホステスか、縄暖簾の女か、赤提灯の酒場の隅で一人杯を傾けている女か。この短い詞から、実に様ざまなことを思わされる。一編の物語が紡がれてくる。女の、来し方行く末を考えさせる。「港町ブルース」の一番は、流行歌の詞の行きついたものとして、ぼくがもっとも好ましく思っている詞の一つだ。それにしても巡る船の出発港が、「連絡船」の港とは。必ずこの港に戻って来るものだ、という大前提があるからだ。そこで「別れ」を詠うから、女心の未練と結びついてくることになる。東京、横浜、神戸といった大きな所でないのが、この歌に一つの雰囲気を醸し出している。

それにしても、なかにし礼の補作は、どの程度なのだろうか。

汽車・駅

ローカル線でSLが走るというと、鉄道ファンはその時間に合わせて出掛け、撮影したり、乗車したりする。鉄道会社とその地方は観光の目玉としてもいる。蒸気機関車が全面的に廃止になったのはいつだったろう。ぼくが子供の頃は都市に近い所は電気機関車が曳き、地方にいくとまだ電化されていなくて、蒸気機関車に代った。今の若者たちは羨ましがるかもしれない。しかし、蒸気機関車を動かすために燃やす石炭の油煙で、頭から足の先まで、汽車を降りた時には真黒になっていた。耳の中、鼻の穴などは、ジャリジャリする。トンネルに入る前に窓を閉めるのだが、隙間から侵入する煙はどうしようもなかった。

でも、今思うと懐かしい。駅に停まると、窓を開けて駅弁とお茶を買う。旅をしている、としみじみ思う時だった。現在は、近距離だけを走る鈍行しか窓は開かない。だから、鈍行に乗らなくては駅弁を窓から買うことが出来ない。

電車とちがい、蒸気機関車の走り始める時は、ガタンという音とともに、次々と客車が引っぱられていく、その音と動きが次第に後ろの車輛に伝わってくる、そして、自分の乗った車輛に伝わってきたとき、グンッ、と引っぱられ、アッ走り始めた、と実感する。

流行歌にとって別れは実に恰好なテーマだ。そのテーマを完全に近く伝えられるのが、昔の旅行のほとんど唯一の手段であった汽車と田舎の駅だ。旅情と旅愁と郷愁を満足させ、哀しくも美しい別れを詠み込ませることが出来る汽車と駅は、多くの歌に採り入れられている。

現在は、新幹線という情緒も抒情もどこかへ忘れて来たような電車で一直線という時代。たとえば、東京から新幹線で郡山まで行きバスに乗って北上へ、そして角館を見学、田沢湖で一泊。翌日は弘前にバスで直行、弘前城を見て平泉に出、光堂を見学、仙台から新幹線で帰京となる。考えるだに恐ろしい。

ぼくの中学の修学旅行は東北だった。そのコースは、上野発の夜行で青森に朝着き（青森駅は直接青函連絡船の桟橋につづいていた。函館へ行く人たちが足速に薄明るくなった港に向かっていた）、バスで奥入瀬を通って十和田泊、翌日、田沢湖線で盛岡から平泉に行き中尊寺、毛越寺を見学、花巻温泉に一泊して鹿踊《ししおどり》を見、三日目は仙台に出て青葉城を見学して帰京というものだった。旅とはせめて、このくらいのものを言うのではないか。

その頃は、三橋美智也や春日八郎が、汽車や駅の歌で一世を風靡していた。汽車には「旅＝たび」という言葉が非常によく似合った。旅情があった。旅愁に心震えた。

昭和二十七年十二月、春日八郎がデビューした。大倉芳郎詞、江口夜詞曲の「赤いランプの終列車」だった。終列車、終電、終バスは、車両の前後に赤灯《ランプ》を点した。終車の一台前は青灯《ランプ》だった。今もそうだと思うが、確認していない。赤い灯《ランプ》をつけた終車は、人の心に哀愁の灯《ひ》を点した。

一、白い夜霧の　灯りに濡れて
別れ切ない　プラットホーム
ベルが鳴る　ベルが鳴る
さらばと告げて　手を振る君は
赤いランプの終列車

二、涙かくして　微笑み合うて
窓に残した　心の温み
あの人は　あの人は
何日《いつ》また逢える　旅路の人か
赤いランプの終列車

三、遠い汽笛に　うすれる影に
一人たたずむ　プラットホーム
さようなら　さようなら

瞼の奥に　哀しく消える
赤いランプの終列車

小学校五年生のぼくは、プラットホームに佇んで見送っているのは男だと思っていた。「手を振る君は」の詞と春日八郎という男性歌手が歌っていることの二つからそう決めつけていたんだと思う。でもやはり、終列車に乗って去っていくのは男だ。二番の「あの人は」から「旅路の人か」でそれが窺いしれる。どちらにしても、真夜中、プラットホームに点る一灯か二灯の明りが、どこからともなく湧いてきた夜霧に滲み、それだけで愁いと哀しみを誘う。ましてや、機関車は白い蒸気を枕木に吹きつけ、ただ一つの色、灯《ランプ》の赤が女の哀しみを掻き立てる。この赤い灯が、夜霧の彼方に消えた時、女が縋っていた糸はプツンッと切れる。

〝終列車〟というだけで愁いを感じさせるものだが、「白い夜霧」と「赤いランプ」という二つの色、「白」は一回だけ、「赤」は各連最終のリフレーンとして登場させる。だから、「赤」は女の想いの凝ったもので、最後の砦のようなものだ。いつもははっきりとした赤い色が夜中の停車場に凜としてあるのに、今夜は、私の涙のせいばかりでなく、白い夜霧に滲んでぼんやりと浮かんで見える赤いランプ。

夜のしじまを破るように鳴り響く汽笛に、女の心は乱される。でも、それを隠して微笑《ほほえ》む。旅立つ人の心を乱さぬように。けれどそれは相手に届いてはいなかったかもしれない。それでもいい、いつかまた会えるときのために、私の笑顔を贈るのだから。心にとめておいてほしいの、その日まで。

男声のソプラノと言ってもいいような高音の春日八郎の声は、霧に潤う夜空を刺すように響く汽笛を思わせた。何の思いも籠めていないような、ただ音符に忠実に、とだけ気をつかっているような歌い方が、奇妙にこの歌に合っていた。二十八歳という遅いデビューは、春日八郎の歌に厚みを加えていた。昭和二十年十月に創刊した「平凡」や「赤いランプの終列車」が出る二ヵ月前に創刊した「明星」のグラビアで見る春日八郎は、その声に相応しい風貌だった。

この歌の主人公と正反対の、汽車に乗って別れていく男の気持を詠った歌が昭和三十一年に出た。三橋美智也の初のヒット曲となった「哀愁列車」(横井弘詞、鎌多俊與曲)だ。

一、惚れて　惚れて
　惚れていながら　行くおれに
　旅をせかせる　ベルの音
　つらいホームに　来は来たが
　未練心に　つまずいて

落とす涙の　哀愁列車
二、燃えて　燃えて
燃えて過ごした　湯の宿に
うしろ髪ひく　灯がひとつ
今宵逢瀬《おうせ》を　待ちわびる
君の幸せ　祈りつつ
旅にのがれる　哀愁列車
三、泣いて　泣いて
泣いているのを　知らぬげに
窓は二人を　遠くする
堪《こら》えきれずに　見返れば
すがるせつない　瞳《め》のような
星がとぶとぶ　哀愁列車

「哀愁列車」って何なんだ?!　そんな名前の列車がある筈ないのに、流行歌っていうのは奇妙な造語をするもんだと中学三年のぼくは、初めて聴いた時、違和感を覚えたものだった。流行歌には、「哀しみ本線日本海」「北空港」「人生峠」「雪列車」などという造語の題名が多くある。この造語力（?）が、流行歌の本領と言えようか。この新語でその歌の雰囲気を創り、世界を示す。

各連冒頭のリフレーンとそれにつづく言葉「惚れて　惚れて　惚れていながら　行く俺に」「燃えて　燃えて　燃えて過ごした　湯の宿に」「泣いて　泣いて　泣いているのを知らぬげに」は、情景描写とともに、男の心の描写でもある。そしてそれぞれ、次の詞を引き出す枕言葉のような役割を果している。ベルの音は、単に発車を知らせるだけのものだが、「旅をせかせる」と男は感じる。灯は明るくするためだけに点されるのだが、その灯に「うしろ髪」をひかれる。無機質な窓は意志を持つもののように「二人を遠くする」。

何故二人は別れなくてはならないのか。ここには何も書かれていない、作詞者・横井弘にもわからないのではないか。別れの美学というと大袈裟かもしれないが、別れそのものが、この歌の眼目なのだ。「哀愁」を辞書で見ると「もの悲しさ」「うらがなしい物思い」「なんとなくもの悲しい感じ」などと、どこか儚げだ。ただ一つ『新潮日本語漢字辞典』は「憂いに沈み、悲しむこと」と、この歌の気分に近い言葉を示している。こうしてみると「哀愁」は確たる悲しみをあらわす言葉ではないということだ。ところが、「列車」と結びつくことによって、この歌に登場する男女の、どうしようもない哀しみ、悲しみ、苦しみを醸すことになる。言葉のこういう不思議に魅せられた人たちが、流行歌の歌詞をつくっているのだろう。

昭和五十二年、「愛の終着駅」（池田充夫詞、野崎真一曲、八代亜紀歌）が出た。

一、寒い夜汽車で　膝をたてながら
　書いたあなたの　この手紙
　文字のみだれは　線路の軋み
　愛の迷いじゃ　ないですか
　読めばその先　気になるの
二、君のしあわせ　考えてみたい
　あなた何故《なぜ》なの　教えてよ
　白い便箋　折り目のなかは
　海の匂いが　するだけで
　いまのわたしを　泣かせるの
三、北の旅路の　淋しさにゆられ
　終着駅まで　行くという
　あなたお願い　帰って来てよ
　窓にわたしの　まぼろしが

見えたら辛さを　わかってほしい

男が女の前から消えた。数日後、彼から手紙が届いた。白い便箋にビッシリと書かれていたのか、いや、ただ、女の心に残る言葉「君のしあわせ考えてみる」ために終着駅まで行く、それからあとは、とだけ、たった一、二枚書いてあっただけなのか。

男も辛い、女も辛い。ならば、別れることはないだろうに、と思うのは浅はかで、どんなにこの二人は苦しんでいるか知れない。その苦しみを、それこそ「わかってほしい」のだ。きっとこの汽車は終列車で、終着駅に着いたらすぐ折り返す、という訳にはいかない。冷たい風が吹きつのっているかもしれない、雪が背の高さ程に積っているかもしれない。その淋しい北の駅の近くの宿に泊り、来し方、行く末を考えよう。自らを追い込まなくては、俺たち二人の仲を続けていくわけにいかない。そのための旅だ。お前の辛い気持はよくわかる、俺の心もわかってほしい。そのためのこの手紙だ。

夜汽車で書いたらしい手紙を受け取った女の立場で詠われた詞から、二人の気持を想像させて、男と女の愛の一つの姿を彫りあげる。流行歌に詠われた男女の形は、皆同じように思われがちだが、よくよく味わってみると、実に様ざまな様相を見せてくれる。今までここで取り上げてきた歌からもわかるだろう。だからこそ、初めに書いたように、流行歌は「私歌謡」となりうるのだ。まだもう少し、男女の姿を追うぼくにつきあってもらおう。

「哀しみ本線日本海」（荒木とよひさ詞、浜圭介曲、森昌子歌）が昭和五十六年に出た。

一、何処《どこ》へ帰るの　海鳥たちよ
　シベリアおろしの　北の海
　私には戻る　胸もない
　戻る　戻る　胸もない
　もしも死んだら　あなた
　あなた泣いてくれますか
＊寒い　こころ　寒い
　哀しみ本線　日本海＊
二、細い汽笛が　こころに刺さる
　星屑ばかりの　北の空
　涙さえ凍る　こんな夜
　吠える　風に　ふるえてる
　胸の痛みを　あなた
　あなた聞いてくれますか
＊繰り返し＊

三、入江沿《いりえづた》いに　灯りがゆれる
名前も知らない　北の町
凍りつく指に　息をかけ
旅の重さ　ペンをとる
綴る便りを　あなた
あなた読んでくれますか

＊繰り返し＊

昭和四十七年、日本テレビの「スター誕生」からスカウトされた森昌子が「せんせい」（阿久悠詞、遠藤実曲）でデビューした。歌の上手さと、中学三年のあどけない少女が憧れの先生を歌ったことで大ヒットした。その後、「同級生」「中学三年生」など同系の学園物、そして「白樺日記」「春のめざめ」などの純愛物で、そこそこの売れゆきを示していた。そしてデビュー九年目のこの歌で方向転換し、新たな魅力を示してヒットした。

「哀しみ」と「本線」の結びついた「哀しみ本線」の造語に「日本海」（これは汽車の愛称なのか？）が付いて、より以上の悲哀を創り出す。日本海がいつもそうでないことはわかっているが、しかし、大陸からの凍えるような風と吹雪に荒れる海と海岸線の印象が強い。それが、「本線」という当り前の名詞を「哀しみ」と「日本海」が前後から挟むことで、もう一つ、いや二つも三つも世界が拡がってくる。「哀愁列車」と同じだ。

傷心を抱いて北へ行く私。あなたと別れ、日本海沿いに北へ行く汽車に乗って本州の最北端へ。そこで私は何をしようというのだろう。「戻る胸も無い」「胸の痛みを聞いてくれる人も無い」女が一人、寒い夜汽車の窓にもたれている。そうだ、あの人に手紙を書こう。でも読んでくれるだろうか。そんな未練たらしいことはよそう。それより、「寒い心」を冷たい腕で抱きしめ、北の、何処か名も無い小さな町で、ひっそりと暮らしていくしかないか。でも、やはり私のこの想いを、あなたにだけは伝えておきたい。凍えそうなこの手に息を吹きかけながら、重たいペンを取る。でも、あなたは、血を吐くような私のこの心をわかってくれるかしら。いえ、まったく読んでくれないかもしれない。それでも書かないではいられない。

十五歳の少女だった森昌子が大人の女となってようやく自分の鉱脈を見つけた、そんな歌だった。この二年後には「越冬つばめ」（石原信一詞、篠原義彦曲）でより深い世界に到り着き、レコード大賞最優秀歌唱賞を受けた。

デビュー曲「せんせい」で、「慕いつづけた」「胸をいためた」「恋する心のしあわせを教えた」のあとにつづくリフレーンは「その人の名は　せんせい　せんせい　それはせんせい」（傍点・久米）だ。でも、ぼくは「せんせい」という名の人に、今まで会ったことがない。「せんせい」は普通名詞の筈だ。だから、正しくは「の名」を抜いて「その人はせんせい……」でなくてはいけない。しかし、この年頃の少女にとって、「せんせい」という語の醸すイメージは独特のもので、固有名詞なのだろうか。

話をもどそう。

昭和四十七年、ポップス調の「北国行きで」(山上路夫詞、鈴木邦彦曲、朱里エイコ歌)が出た。「北国行き」というネーミングも、「哀愁列車」と同じ造語感だ。

一、つぎの北国行きが来たら乗るの
スーツケースをひとつ　下げて乗るの
アー　何もあなたは知らないの
この町と別れるの
明日あなたに　お別れの
手紙が届くわ　きっと
＊いつも別れましょうと　言ったけれど
そうよ今度だけは　ほんとのことなの＊
二、つぎの北国行きで消えてゆくの
二人愛した街を　去ってゆくの

アー　愛に疲れた二人なら
このままで身を引くの
にくみ合わないその前に
私は消えてゆくの
＊繰り返し＊
アー　電話かけてもベルだけが
空き部屋にひびくだけ
明日私のいないこと
その時に気づくでしょう
＊繰り返し＊

どうして別れて行くのは北国なんだろう。ぼくの知っている中では、藤圭子の「京都から博多まで」だけが、別れた男は西へ行った。その男を探して博多へ流れて行く女を歌っていた。温暖な地方への旅は、決意をもって行く者にとって、どうしてもその決意を忽《ゆるが》せにさせてしまうきらいがある。特に恋人と別れて一人旅するには、自らを厳しい場に立たせなければならない。寒い、ということは、それを見聞く人に、悲哀を感じさせる。別れて行く人の愁いを伝えることができる。そんなことが、北国への別れ旅が流行歌に詠われる理由《わけ》ではないのか。

何年この街に二人で暮らしたことか。どんなに愛していても、二人っきりで顔をつきあわせて生活していれば、いつか飽きが来る。些細なことが神経に障る。このままこの状態をつづけたら、二人はどうなってしまうかわからない。どちらが悪いというのではないの。暫く別れてみましょうよ。何度も言ってきたけど、なかなか決断できなかった。未練だったのかしら。寒い北国の風に私自身を晒してみるわ。そして、まっさらになって、またあなたと暮らせるようになったら……。

赤いランプの終列車か一台前の青いランプか、真夜中のターミナルから二つ目くらいの駅のホームにスーツケースを下げた女が北国行の汽車を待っている。点る灯りが微かに届くホームの端に佇《た》つ女の顔は、どこか、安堵感を見せている。こういう別れもあるのだ。もう一つ、異なった別れの姿を見せてくれる歌がある。昭和四十六年暮近くに出た「別れの朝」（なかにし礼訳詞、ウド・ユルゲンス曲、ペドロ&カプリシャス歌）だ。

別れの朝　ふたりは
さめた紅茶　のみほし
さよならの　くちづけ
わらいながら　交わした

別れの朝　ふたりは
白いドアを　開いて
駅につづく　小径を
何も言わず　歩いた
＊言わないで　なぐさめは
涙をさそうから
触れないで　この指に
心が乱れるから＊
やがて汽車は　出てゆき
一人残る　私は
ちぎれるほど　手をふり
あなたの目を　見ていた
＊繰り返し＊
あなたの目を見ていた

なかにし礼訳詞ということだが、森鷗外の『即興詩人』は翻訳というより翻案と言うべき作品で、この「別れの朝」も、原詞は知らないが、なかにし礼の翻案と言っていいのではないかと思っている。

「さよならの　くちづけ」を「わらいながら交わした」二人の心の裡は？　「なぐさめは涙をさそう」し、指に触れられると心が乱れる彼女の想いは？　この町を出てゆく彼の苦衷は？

これまで見て来た〝別れ〟は、すべて夜だった（「港町ブルース」は朝の別れだが、夜からのつづきの別れであって、陽光の輝く明るい朝の印象はない）。ところが、この別れは〝朝〟だ。フランスの原詞がそうなのか、なかにし礼が、朝にしたのか？　朝の別れは、明るいために、二人の哀しみを際立たせる。それは、「わらいながら」しか「さよならのくちづけ交わ」すことのできない二人。何故彼が出てゆくのかは分らないが、この時まで築いてきた二人の仲がわかる。別れたくないが別れなくてはならない二人。

これも別れの一つ。

終戦から一年半、昭和二十二年二月に「夜のプラットホーム」が出た（奥野椰子夫詞、服部良一曲、二葉あき子歌）。

一、星はまたたき　夜ふかく
　なりわたる　なりわたる
　プラットホームの　別れのベルよ

＊さよなら　さよなら
君いつ帰る＊

二、ひとはちりはて　ただひとり
いつまでも　いつまでも
柱に寄りそい　たたずむわたし

＊繰り返し＊

三、窓に残した　あの言葉
泣かないで　泣かないで
瞼にやきつく　さみしい笑顔

＊繰り返し＊

ワルツのリズムにのせたモダンな旋律は、いかにも服部良一らしい。戦後の風潮にあってもいる。しかしこの曲、『日本流行歌史』（社会思想社刊）によると、「あの戦争の暗い谷間で戦地へ出ていく若い兵士をプラットホームのものかげからそっと見送る新妻の姿に心打たれて、服部良一が書きとめたメロディだった」そうだ。戦時中は、プラットホームとベルという敵性語と、各連終りの「君いつ帰る」という詞が厭戦気分を助長する、ということで発表出来なかったのだという。

この話を知って見ると、「ひとはちりはて　ただひとり」の詞も重くなってくる。出征兵士を送る人たちがプラットホームに集まり、「○○君、バンザイ！　バンザイ！」と声を揃える。夫は内心を隠し毅然とした態度で応える。妻はその傍らで頭を下げているだけだ。そして鳴り渡るベルの音。汽車は行き、群集も去った。しかし妻は、その場を去り難く、柱に寄り添い、消えた汽車のあとを惚《ほう》けた眼差しで見ている。「泣かないで」と遺した夫の言葉。あの時の淋しい笑顔が瞼に焼きつき、一生消えはしないだろう。「行ってらっしゃい」と言って送り出してはいけない、と言われたけれど、本当は「死なずに、必ず帰ってきて！」と言いたかった。

……しかし、この歌は昭和二十二年に発表された。まだ戦争が人々の心に、暮らしに、大きく残っていた時だ。戦死した、また、まだ帰還していない夫、息子、兄弟、空襲で失った家族たち。そんな中でのこのモダンな歌は、一年前の「リンゴの歌」とは違った受け入れられ方で、人々の口から口へと伝わっていった。この歌は、恋人との別れ、必ず戻ってくる彼とのほんの一時の別れの歌で、そんな自由な恋が出来るのだ、というふうに、焼け跡が少しずつ整理され、生気を取り戻しつつあった人たちに浸透していったのだと思う。「君いつ帰る」のリフレーンも、戦中の否定的なものでなく、肯定的な、ある明るさをもって受け取っていたにちがいない。

立場が変ると、そして世界が変ると、一八〇度の違いで、物事は受け取られる。「正義」という言葉。これは、戦前の「正義」と戦後の「正義」では異なった意味を持つ。北朝鮮の「正義」と日本の「正義」ではまったく内容が違う。この単純なロジックを忘れると、すべてが空回りすることになる。

昭和十八年、「婦系図の歌」（戦後「湯島の白梅」と改題）、十九年「勘太郎月夜唄」と、時局に抗するような歌をヒットさせた小畑実が、戦後の二十六年に「高原の駅よさようなら」（佐伯孝夫詞、佐々木俊一曲）を出した。

一、しばし別れの　夜汽車の窓よ
　言わず語らずに　心と心
　またの逢う日を　目と目で誓い
　涙見せずに　さようなら
二、旅のお人と　恨までおくれ
　二人抱《いだ》いて　ながめた月を
　離れはなれて　相呼ぶ夜は
　男涙で　くもらせる

三、わかりましたわ　わかってくれた
　後は言うまい　聞かずにおくれ
　思いせつなく　手に手をとれば
　笛がひびくよ　高原の駅

透き徹るような声で、いつブレスするのか気づかせない歌い方に、子供心にも上手いものだと感心したものだった。このごろの若手ポップ調歌手のこれでもか、というほどに息継ぎの音を張り上げて歌うのが気になって仕方ない。

高原で出逢った男と女。この歌も旅人は男だ。別れなくてはならない高原の駅。昼は明るい陽がそそぎ、白樺が風にそよいでいるだろう。その木陰、芝草に坐し、恋を語った二人だった。でも、彼は帰らなくてはならない。「しばし」の「別れ」だ。必ず戻って来る。「またの逢う日を目と目で誓」う。「わかり」「わかった」二人。一言も声を出さずに手と手をとって見つめあう。末尾の「高原の駅」に鳴り響く汽車の笛が未練を断ち截り、二人を引き離す。別れた二人の再会は、いつ叶えられるか。それは、今都会へ帰って行く彼の胸の裡と行動にある。彼女は信じて待つだけ。

多くの別れの歌が、未来の望みを感じさせないのに、この歌は、きっと二人が近いうちに再び逢い、生涯を共にすると思わせる。実に珍しい歌だ。それも、昭和二十六年という、戦後の復興期、新生日本を築いていく時だからだったのだろうか。
昭和四十六年末、「終着駅」（千家和也詞、浜圭介曲、奥村チヨ歌）が出た。

落葉の舞い散る　停車場は
悲しい女の　吹きだまり
だから今日もひとり　明日《あす》もひとり
涙を捨てにくる
真冬に裸足は　冷たかろう
大きな荷物は　重たかろう
なのに今日もひとり　明日もひとり
過去から逃げてくる
＊一度離したら　二度とつかめない
愛という名のあたたかい心の鍵は
最終列車が　着く度に
よく似た女が　降りてくる
そして今日もひとり　明日もひとり
過去から逃げてくる＊

肩抱く夜風の　なぐさめは
忘れる努力の　邪魔になる
だから今日もひとり　明日もひとり
過去から逃げてくる
＊繰り返し＊
そして今日もひとり　明日もひとり
過去から逃げてくる

都会から遥か離れた田舎の終着駅。毎夜、終列車が到着すると、そのホームには必ず女が一人降り立つ。どこか雰囲気の似かよった淋しげな面差し。真冬なのに素足に靴を引っ掛けただけ。その傍らには、彼女のこれまでの総ての人生を押し込んだような大きなバッグを置いて。恋を失くした女。過去から逃げてきたけれど、終着駅に着いたあとどこへ行くという当てもない。ただ哀しみにくれ、ホームの灯りが消えていくにまかせたまま、茫然と佇んでいる。

今日も、明日も、そして昨夜も、同じような女がホームに降り立つ。

ちょっと鼻にかかった舌足らずな歌い方の奥村チヨのそれまでのヒット曲「ごめんねジ

ロー」や「恋の奴隷」の歌とは違い、大人の女の哀しみの姿を、口先だけで歌っているかのような歌い方が、この歌の雰囲気と不思議に適っていた。しかしその後、目星いヒットがないのが残念だ。が、この歌によって、歌手奥村チヨは生きている。

平成二十三年九月、「西沢爽の書いた　ひばりの歌」という小冊子が出た。作詞家西沢爽の弟子である野滝英昭が編んだものだ。その目次を見ると、昭和三十年の「あの日の船はもう来ない」から昭和四十八年の「祖谷のむすめ」まで、六十七曲に及んでいる。ひばり十八歳から三十六歳までの十八年間だ。一人の歌手にこれほど多くの詞を書いていたとは！　ところが、この中で「波止場だよ　お父つぁん」「ひばりの渡り鳥だよ」「ひばりの佐渡情話」以外、ほとんど知らない歌ばかりだ。流行歌好きが何だよ、と譏《そし》られそうだが。

その昭和四十八年に「北国の駅」（鈴木邦彦曲）という歌がある。

一、雪帽子　かぶった汽車が
　今日もまた　別れを告げて
　北国の　駅を出て行く
　ふるさとの　あの娘《こ》の愛を
　振り向きも　しないでひとり

若者は　若者は　町を捨ててく

二、なだれ雪　ガラス戸揺する
肌寒い　待合室に
泣きじゃくる　娘が残る
都会って　そんなにいいの
機《はた》を織る　雪の町にも
幸せな　幸せな　春は来るのに

三、幾年《いくとせ》か　過ぎた雪の日
色褪せた　トランク提げて
この駅に　誰か降り立つ
待ちわびて　あきらめ抱いて
捨てた娘《こ》が　嫁いだことも
若者は　若者は　何も知らない

実は、ぼくはこの歌を野滝氏の贈ってくれたCDで初めて聞いた。ちょっと悲しげな節でありながら、「若者は　若者は」のリフレーンではどこか跳ねるようなリズムで、娘の哀しみと、若者の能天気を際立たせる。

この歌には、季節が冬しかない。北国の駅の周りには、春は紫雲英《れんげ》が咲き、夏は向日葵《ひまわり》が我物顔に径を見おろし、秋には秋桜《コスモス》が雲一つない空に向かって精一杯伸びているに違いない。でもこの詞には、雪の駅しか詠われていない。二番には、この町にも「春は来るのに」と言っているのに、ここは、いつも、冬だ。

娘は雪の帽子を被った汽車に乗った若者をこの駅で涙ながらに見送って以来、何年も冬の心で過ごした。都会へ去《い》った若者の便りを待ちつづけたが、一方通行の娘の心だった。待ち疲れた娘は意に添わぬ相手と結婚した。娘にとって、あれ以来、春や夏は無い。ただ、ひっそりと北国の町で息をしているだけ。子供は出来ただろうか。いたら、その子だけが、娘の生き甲斐。

都会の渦に巻き込まれ、すべてを失くした若者は、身も心も疲れ切り、抜け殻となって、雪の北国の駅に戻ってくる。この若者に今後はない。

若者の思いつきのような憧れによって、二人の人生はメチャクチャになってしまった。若者にはその自覚は皆無だろう。都会が悪い、世の中が悪い、そう思っているにちがいない。故郷で心機一転、また都会へ戻ろう！　と考えているかもしれない。いや、娘とまたやり直そう、と決めて帰って来たのかもしれない。でもそれは若者の身勝手というものだ。

この二人のことを考えていたら、いくらでも思いが拡がっていってしまう。この辺りで止めよう。しかし、こんな二人のような若者が、昭和三十年、四十年代にはずいぶんいたのではないだろうか。ちあきなおみの「喝采」は、出奔したのは娘で、都会に出て成功はしたが、故郷に残った若者が死んでしまう、という歌だった。いずれにしろ、万々歳、ではない。

西沢爽という作詞家、もともとは歌謡曲の詞などは軽蔑しており、純粋な現代詩を創っていたそうだ。ところが、戦後の焼け跡に流れる「リンゴの唄」を聴いて、流行歌の素晴らしさに目覚め、この道に入ったという。その後、昭和四十九年に作詞をやめ、約十五年に亙って調査研究し、「日本近代歌謡の実証的研究」を発表、平成二年に国学院大学より博士号を贈られた。流行歌を演歌というが、それが添田唖蝉坊その他の政治的「演説歌」から起こったという説を否定した論文だという。この論文を増補改訂し、『日本近代歌謡史・上下』『同資料編』の全三巻として平成二年十一月に刊行した。本文だけで四六倍判六〇〇〇ページにも及ぼうという厖大なもの。図書館で借りてきたが、その仕事に気圧されるばかりだ。ゆっくり読みたいけれど、いつ読了出来るものやら。

平成二十五年七月二十九日の東京新聞朝刊に次のような記事が出た。

「東京の北の玄関口、ＪＲ上野駅が二十八日、開業から百三十周年を迎えた。ＪＲ東日本は、寝台特急が発車する十三番線ホームの発車ベルを井沢八郎さんのヒット曲「あヽ《ママ》上野駅」に変更。（中略）曲は一九六四年の発売。集団就職のため、上野駅に着いた少年たちの故郷への思いを青森県出身の井沢八郎さんが歌い、共感を呼んだ。（中略）五九年に北海道から上京し、上野駅に着いたという埼玉県加須市の水戸部正志さん（七〇）は「発売日にレコードを買って以来、自分を重ね合わせ、ずっと励まされてきた曲。また聞きに来たい」と涙を浮かべた（後略）」

その「ああ上野駅」（関口義明詞、荒井英一曲）の詞を左記しよう。

一、どこかに故郷の　香りを乗せて
　入る列車の　なつかしさ
　上野は俺らの　心の駅だ
　くじけちゃならない　人生が
　あの日ここから　始まった
二、就職列車に　ゆられて着いた
　遠いあの夜を　思い出す
　上野は俺らの　心の駅だ
　配達帰りの　自転車を

とめて聞いてる　国なまり

三、ホームの時計を見つめていたら
母の笑顔に　なってきた
上野は俺らの　心の駅だ
お店の仕事は　辛いけど
胸にゃでっかい　夢がある

引用しただけでもう何も言う必要はなかろう。「金の卵」と持てはやされた地方の中学・高校卒業生たちの集団就職の実際を、ぼくはほとんど知らない。しかし、東京新聞の記事とこの詞で、あの時代の彼ら、すなわち、ぼくたちと同年代の子供たちの姿が浮き出てくる。就職列車は、昭和三十二年から五十五年まで運行されたという。

ふるさとの訛なつかし
停車場の人ごみの中に
そを聴きにゆく

「ああ上野駅」を聞いたり歌ったりするたびにこの石川啄木の歌を思いだす。「配達帰りの　自転車を　とめて聞いてる　国なまり」、これだ。啄木は自ら勝手に東京へ出て来たのだから、集団就職の少年少女たちとは時代もその上京の経緯もまったく異なるが、故郷《くに》訛を懐しんで駅に聞きに行く心は、故郷を出て、都会で働く者にとって変りはないのだ。

この稿で書いてきた駅と、この「ああ上野駅」の駅はちがう。「心の駅」上野駅。おそらく日本の鉄道の駅で、こう言われる駅は他にあるまい。

ぼくはいわゆる故郷をもたない。父は新潟の高田、母は長野の伊那で、それは両方ともぼくの故郷ではない。高校の時、明日から夏休みという日、故郷へ帰る友の嬉しそうなことといったらなかった。

その時ぼくの詠んだ歌「故郷《ふるさと》へ帰ると喜ぶ友が目に故郷を持たぬ我の写りをり」（笑覧）。

多くの乗客の中にいながら一人になれる汽車。旅の道筋・基点・起点・終点、出会い・別れの象徴、駅。それは自ずと人生に準《なぞら》えられる。正面切ってそう言わずに感じさせる、それが、流行歌の本質だ。それが、流行歌のありようだ。

横浜・神戸・長崎

汽車・駅と同じ旅愁を感じさせるのが、船と港だ。〝連絡船〟の章で船については書いた。港は「港町ブルース」を代表のようにして触れただけだった。ここで、標題の三つの港の歌について書こう。

まず昭和四十六年の「よこはま・たそがれ」（山口洋子詞、平尾昌晃曲、五木ひろし歌）。

一、よこはま　たそがれ
　ホテルの小部屋
　くちづけ　残り香　煙草のけむり
　ブルース　口笛　女の涙
　＊あの人は　行って行ってしまった
　あの人は　行って行ってしまった＊
　もう帰らない
二、裏町　スナック
　酔えないお酒

ゆきずり　嘘つき　気まぐれ男
あてない　恋唄　流しのギター
＊繰り返し＊
もうよその人
三、木枯し　想い出
グレーのコート
あきらめ　水色　つめたい夜明け
海鳴り　灯台　一羽のかもめ
＊繰り返し＊
もうおしまいね

『日本流行歌史』（社会思想社版）〝歌詞編〟に、「五木ひろしの再デビュー曲。五木は四十四年に、三谷謙の芸名で『雨のヨコハマ』でデビュー、『全日本歌謡選手権』（日本テレビ）で十週勝ち抜きを果したのを機会に改名した」と注記してある。ぼくはこの「全日本歌謡選手権」をたまたま十週見ていた。実に爽やかな歌い方で、審査員全員一致の推薦で十週勝ち抜いたのを覚えている。この再デビュー時も、スッキリと歌い、瀟洒な雰囲気さえ漂わせていた。

さてこの詞。一番、二番、三番とも、繰り返しまでは動詞がない。ただ一つ、「酔えない」があるが、可能動詞「酔える」の連用形に否定の助動詞「ない」が付いて形容詞的に使用しているので、「動詞」という感覚が少ない。名詞を連ねているだけ、文章として成り立っていない、成り立たせていない、という印象でありながら、一人の女の失恋の過程が、実に都会的雰囲気の中に詠まれていく。この才能に茫然とするしかない。

作詞の山口洋子は東映のニューフェイスとして女優を目指すが、その後、銀座で高級クラブ「姫」を開店、昭和四十三年頃から作詞を始めた。四十八年、作詞した「夜空」（平尾昌晃曲、五木ひろし歌）がレコード大賞を受賞した。また、小説を書きはじめ、六十年には「演歌の虫」と「老梅」で直木賞受賞、「プライベート・ライブ」で吉川英治文学新人賞を受賞、という異色の経歴の持主だ。

作詞家荒木とよひさは、「東京新聞」のインタビュー「あの人に迫る」（平成二十五年七月二十一日）でこう答えている。

「女心が分かるとか分からないとかよく言うけど、僕は全然分からない。こうあってほしいなと思う部分を書いている。僕が書く女性は、別れても男性を恨まない。男を許してくれるんですよ。それって、女性にそうあってほしいなと思っている裏返しかな。

女性が作詞した曲だと違うよね。例えば、歌手尾崎亜美さんが作った『オリビアを聴きながら』では、男からの電話を『話すことなど何もない』と言い切っちゃう。でも酔っぱらって、昔付き合っていた女性に電話したら、『どうしたの、早く帰りなさいよ』と言ってほしい。僕はそんなふうにしたいなと。男性を書くときも、本当はこんなふうに生きたい、というのがある。願望と同時に、心の中でわびているというのもあるかもしれません」

「もう帰らない」「もうよその人」「もうおしまいね」各連最後のこの一句、「もう」で、未練とともに、女のある小気味の良さがあらわれている。荒木とよひさの言う、女性の作詞なのだ。男性が作詞すると「待っているわ」「帰って来てね」「やりなおしたい」などとなるのかもしれない。

それにしても、この詞全体で醸しだす横浜の洒落たエキゾチシズムは堪《こた》えられない。その異国情緒の中で男女の別れが詠われる。その場にいるような、あるいはその当人になったような臨場感。これは、接頭語の「ど」が付くほど日本的な流行歌（艶歌）にとって革命と言えよう。五木ひろしはこの歌でレコード大賞歌唱賞を受けたが、その歌唱力と、作曲の元ロカビリー歌手平尾昌晃の、バタ臭さと泥臭さの巧く混淆した曲とによって、この詞はより力を発揮した。

昭和四十三年暮に出て翌年ヒットした「ブルー・ライト・ヨコハマ」（橋本淳詞、筒美京平曲）は、いしだあゆみがそれまでの少女歌手、少女俳優から脱皮した歌だった。

街の灯りがとてもきれいねヨコハマ
ブルー・ライト・ヨコハマ
あなたと二人幸せよ
いつものように愛の言葉をヨコハマ
ブルー・ライト・ヨコハマ
私にください あなたから
＊歩いても歩いても小舟のように
わたしはゆれて　ゆれてあなたの腕の中＊
足音だけがついてくるのよヨコハマ
ブルー・ライト・ヨコハマ
やさしい口づけもういちど
＊繰り返し＊
あなたの好きな煙草の香りヨコハマ
ブルー・ライト・ヨコハマ
二人の世界いつまでも

若い二人の何とも幸せな姿。二人だけ、他に誰の足音もない。あなたの好きな煙草の香りが、私の口中にも……。この幸せをいつまでも……。けれど、「ブルー」には〝憂鬱〟という意味もある。恋に酔いしれているこの少女は、しかし、未来に一抹の不安も抱いている。「あなたと二人幸せよ」「愛の言葉を私にください」「口づけもういちど」と、確認しないではいられない。そして切なる願いが、「二人の世界いつまでも」なのだ。

決して本歌取りではないし、それはありえないが、「あなたのすきな煙草の香り」は「くちづけ　残り香　煙草のけむり」につながってくる、とぼくは思ってしまう。横浜とは、そんな幸せと幸せの残り香を漂わせている港町なのだろうか。

同じ年二月、「伊勢佐木町ブルース」（川内康範詞、鈴木庸一曲、青江三奈歌）が出た。

一、あなた知ってる　港ヨコハマ
　街の並木に　潮風吹けば
　花散る夜を　惜しむよに
　伊勢佐木あたりに　灯がともる
　恋と情けの
＊ドゥドゥビ　ドゥビ　ドゥビ
　ドゥビ　ドゥバー
灯《ひ》がともる＊

二、あたしはじめて　港ヨコハマ
雨がそぼ降り　汽笛が鳴れば
波止場の別れ　惜しむよに
伊勢佐木あたりに　灯がともる
夢をふりまく
＊繰り返し＊

三、あなた馴染みの　港ヨコハマ
人にかくれて　あの娘が泣いた
涙が花に　なる時に
伊勢佐木あたりに　灯がともる
恋のムードの
＊繰り返し＊

女性でありながら、森進一のようなハスキーな声の青江三奈は、「ドゥドゥビ……」の繰り返しスキャット末尾の「ドゥバー」を、微妙に唇を動かしてビブラートする。これが、どことなく頽廃的な雰囲気を漂わせ、大人の世界を表現していた。「よこはま・たそがれ」「ブルー・ライト・ヨコハマ」とは異なった横浜の姿を青江三奈は歌ってくれた。歌詞は別に他の歌と際立って違うわけではないのだが。これが歌手の力だ。

流行歌は、詞、曲、歌い手によって形がつくられる。その中で、歌い手のつくったものが、聞き手に届けられることになる。それは歌い手の歌唱力、キャラクター、外見などによるものではあるが、それを完成させるのは、直接は作曲家のレッスンによるのだろう。しかし、この作詞家で、この作曲家で、この歌手に、こういう歌を歌わせる、というのは、プロデューサーでありディレクターだ。藤圭子の石坂まさをがそれだ。青江三奈がどういう人かは知らないが、歌手青江三奈は、「伊勢佐木町ブルース」が醸したちょっとくずれた女性としてつくられたのではないか。跳んでも走っても崩れたり揺れたりしない髪の形。元の顔が窺いづらい化粧。

横浜は、実はどういう港町かはわからないが、恋（失恋）を詠ったこの三曲の表わす異った三つの横浜は、それぞれが横浜のそれぞれの面を詠っている。それが作家たちの感じている横浜なのだ。それが聞き手に受け入れられればそれでいい。

神戸を詠った歌は少ない。一曲、昭和四十七年の「そして、神戸」（千家和也詞、浜圭介曲、内山田洋とクールファイブ歌）しか思いつかなかった。

一、神戸　泣いてどうなるのか

捨てられた我身が　みじめになるだけ
神戸　船の灯《あかり》うつす
濁り水の中に　靴を投げ落す
＊そして　ひとつが終り
そして　ひとつが生まれ＊
夢の続き見せてくれる　相手捜すのよ

二、神戸　呼んで帰る人か
傷ついた心が　みにくくなるだけ
神戸　無理に足を運び
眼についた名もない　花を踏みにじる
誰かうまい嘘のつける　相手捜すのよ
誰かうまい嘘のつける　相手捜すのよ
＊繰り返し＊

失恋は、終りであるとともに、始まりでもある、と正面から詠った。だから、題の頭に、唐突な「そして」という接続詞を付けた。

神戸は横浜よりも欧風で、洒落た印象を与えられる港町だ。後ろを六甲山系に阻まれた街は瀬戸内海沿いに細長く東西に伸び海に向かって坂が何本も下っている。平清盛が治承四（一一八〇）年六月に安徳天皇を奉じて遷都した（同年十一月に京に戻ったが）という歴史ある港町福原をその基とする神戸は、幕末まで神奈川の小さな漁村であった横浜とは、港町としての成り立ちからして違う。洗練されざるを得ない。となると、流行歌（艶歌）の持っている泥臭さとは相容れない部分が多少なりともあるのだろう。それが、神戸を詠った歌が少ない理由なのかもしれない。

「捨てられた我身が　みじめになるだけ」「傷ついた心が　みにくくなるだけ」という衿《きょう》持《じ》のようなものを神戸は人々に植えつける。そして「夢の続き」を見せてくれる人、「うまい嘘」のつける人を捜すという、一見投げやりに思える言い方で己の心を隠し晦《くら》ます。他の港町には無いことだ。

「終着駅」の作詞・作曲コンビの千家和也・浜圭介らしい粋な歌だ。

横浜、神戸に比べて、長崎を詠った歌は数が多い。『心のふるさと〈日本の歌謡詩〉』（昭和五十三年刊）には、題名の頭に〝長崎〟と付いた歌が十四曲収載されている。さすがに東京は三十一曲と飛び抜けて多いが、それに次ぐ数だ。

終戦一年目の昭和二十一年八月、「長崎シャンソン」（内田つとむ詞、上原げんと曲、樋口静雄歌）が出、二十二年二月に「長崎エレジー」（島田磐也詞、大久保徳二郎曲、ディック・ミネ歌）が出たが、まずヒットしたのは二十三年四月に出た「長崎のザボン売り」（石本美由起詞、江口夜詩曲、小畑実歌）だ。

一、鐘が鳴る鳴る　マリアの鐘が
　坂の長崎　ザボン売り
　銀の指輪は　どなたの形見
　髪に結んだ　リボンも可愛い
＊可愛い娘　ああ　長崎のザボン売り
二、風がそよそよ　南の風が
　港長崎　ザボン売り
　呼べば見返る　微笑みかける
　誰も見とれる　えくぼの可愛い
＊繰り返し
三、星がキラキラ　夕べの星が
　夢の長崎　ザボン売り
　黒い瞳の　夢見る笑顔

ゆれるランタン　灯影に可愛い

＊繰り返し

「マリアの鐘」「坂の長崎」「ゆれるランタン」と、長崎を詠う歌の定番語が三つ出てくる。他に「オランダ坂」「丸山」「眼鏡橋」「浦上」「思案橋」「港」「南京町」等々、それだけ出しておけば長崎の歌としては結構、というわけでもないのだろうが、もう少し違うものを出してよ、と言いたくなるほどだ。これが必須語なのか。高校の修学旅行で行った長崎を詠んだぼくの歌「坂の街教会の街支那の街古き街なり長崎の街」。まさに流行歌だ。

江戸初期から、唯一の開港場として築いてきた長崎特有のイメージは、歴史的遺物とともに、欧米人の日本に対するエキゾチシズムの融合したものとして、ある。その最たるものが、プッチーニ作曲のオペラ「マダム・バタフライ」だろう。幕末の長崎を舞台のアメリカ将校と蝶々との悲恋の物語。それをもとに美空ひばりが昭和三十一年に歌った「長崎の蝶々さん」（米山正夫詞曲）がある。

一、肥前長崎　港町
　異人屋敷の　たそがれは
　なぜかさびしい　振袖人形
　恋の絵日傘　くるくると

蝶々さん　蝶々さん
桜の花が　咲く頃に
お船が帰って　くるという
＊花のロマンス
長崎　長崎　港町＊

二、風は南の　夢の町
晴れた天主《クルス》の　丘の上
背伸びして見る　はるかな海よ
三本マストは　まだ見えぬ
蝶々さん　蝶々さん
花は咲いても　開いても
恋しいお方に　逢うまでは
＊繰り返し＊

三、鐘が鳴る鳴る　恋の町
広い屋敷に　ただ一つ
君が形見の　アメリカ人形

碧《あお》い瞳の　なつかしさ
蝶々さん　蝶々さん
長いまつげも　うっとりと
今日もあなたの　夢を見る
＊繰り返し＊

プッチーニの「マダム・バタフライ」は知らなくても、〝蝶々夫人〟とか〝蝶々さん〟は知っている。これは、小畑実の「湯島の白梅」でお蔦・主税《ちから》は知っているが、泉鏡花の『婦系図《おんなけいず》』は知らないのと同じ。それが庶民というものだ。

この歌はちょっと軽目の曲に悲恋を乗せた、才人米山正夫らしいもので、美空ひばりはその作者の意を充分に汲み取って粋に歌っていた。中学三年のぼくは、歴史と地理で習った以外の長崎を想い、憧れた。それから四年後、修学旅行での長崎は、ぼくの憧れを満足させてくれた。しかし、爆心地に建つ平和の像は、その長崎の雰囲気には添わないものだった。というのは、原爆それ自体が、人間に向かって落とされるべきものではない、ということであって、平和の像のせいではない。

その原爆に遭った医学者永井隆の著書『長崎の鐘』をもととした同名の「長崎の鐘」（サトウハチロー詞、古関裕而曲、藤山一郎歌）が出たのは二十四年七月で、四回目の原爆記念日の前月だった。この作品は映画化もされた。たまたま入った映画館で上映中の「長崎の鐘」を観た父は、父母を亡くした二人の姉弟を自分の子供（ぼくと弟）に重ねてしまい、終映後もしばらく外に出られないほどに泣いてしまったという。

一、こよなく晴れた　青空を
　悲しと思う　せつなさよ
　うねりの波の　人の世に
　はかなく生きる　野の花よ
＊なぐさめ　はげまし　長崎の
　ああ　長崎の鐘が鳴る＊
二、召されて妻は　天国へ
　別れてひとり　旅立ちぬ
　かたみに残る　ロザリオの
　鎖に白き　わが涙
　＊繰り返し＊
三、つぶやく雨の　ミサの声
　たたえる風の　神の歌

かがやく胸の　十字架に
ほほえむ海の　雲の色
＊繰り返し＊
四、こころの罪を　うちあけて
更けゆく夜の　月澄みぬ
貧しき家の　柱にも
気高く白き　マリア様
＊繰り返し＊

これまで書いてきた流行歌と、この歌は調子が違う。そして、多くの長崎を詠った歌の中で、この歌を創らなくてはならなかった作家たちの心に思いをいたされる。戦後、人々の心に希望を与えた「リンゴの歌」と同じサトウハチローの作詞だ。この二曲を聞いたり歌ったりすると、幼ない頃を思い出す。空襲で焼けた東京の街々と、汚れていなかった青空を。しかし、その青空は、考えることさえできない多くの代償と犠牲によって贖《あがな》ったものだった。

ここらで、いわゆる流行歌に戻ることにしよう。

「長崎は今日も雨だった」（昭和四十三年、永田貴子詞、彩木雅夫曲）。

一、あなたひとりに　かけた恋
愛の言葉を　信じたの
さがし　さがし求めて
ひとり　ひとりさまよえば
行けど切ない　石だたみ
＊ああ　長崎は　今日も雨だった

二、夜の丸山　たずねても
冷たい風が　身に沁みる
愛《いと》し　愛しのひとは
どこに　どこにいるのか
教えてほしい　街の灯《ひ》よ
＊繰り返し

三、頬にこぼれる　なみだの雨に
命も恋も　捨てたのに
こころ　こころ乱れて
飲んで　飲んで酔いしれる

酒に恨みは　ないものを

＊繰り返し

内山田洋とクールファイブが、この歌で颯爽と登場した。ヴォーカルの前川清は、まったく無表情で、ただただきちんと歌うことだけを心掛けるように見えながら、独特のバイブレーションと「さがし」「愛し」「飲んで」のシャクリあげるような歌い方で聞き手を引きつけた。

「石だたみ」「夜の丸山」「雨の長崎」、これも長崎の定番だ。しかし、ここに港町長崎のイメージは無い。たとえば同じ年の「長崎の夜はむらさき」（古木花江詞、新井利昌曲、瀬川瑛子歌）も「雨」「讃美歌」「浦上川」「眼鏡橋」が詠われ、一ヵ所「噂話が　泣かせる波止場」と港町を思わせる詞があるだけ。「長崎の女《ひと》」（昭和三十八年、たなかゆきを詞、林伊佐緒曲、春日八郎歌）も「蘇鉄の花」「石だたみ」「外人墓地」「オランダ坂」「鐘の音」が出て来、「港町」がただ一回あるだけ。「長崎ブルース」（昭和四十三年、吉川静夫詞、渡久地政信曲、青江三奈歌）には「思案橋」「丸山」「南蛮屏風」「ガラスの絵」「石のたたみ」「ザボンのかおり」と詠われるが、港に関わる言葉は一つもなし。

ということは、これらの歌に「港町長崎」は不要なのだ。江戸時代からの歴史的郷愁とエキゾチシズムを満足させてくれる場での恋物語だけが必要だったということだ。

長崎の歌をいちいち取り上げていったらきりが無い。ここで、三つの港に触れている「長崎から船に乗って」（昭和四十六年、山口洋子詞、平尾昌晃曲、五木ひろし歌）を取り上げてこの項を終えよう。

一、長崎から船に乗って　神戸に着いた
ここは港まち　女が泣いてます
港の女は　お人好し
いいことばかりの　そのあとで
白い鷗に　ああ　騙《だま》される
ああ　騙される彼岸花

二、横浜から船に乗って　別府に着いた
ここは小雨まち　女が泣いてます
南の女は一本気
湯の花祭りの　いたずらに
ちょっとだけよが　ああ　命とり
ああ　命とり紅椿《べにつばき》

三、函館から船に乗って　東京に着いた

ここは日暮まち　女が泣いてます
都会《みやこ》の女は　うす情
惚れているやら　いないやら
なんでもなさそに　ああ　傷ついた
ああ　傷ついた芥子《けし》の花

港町長崎、横浜、函館、神戸、別府、東京。別府と東京はこの歌では港町とは言っていない。しかし、船が着くのだから港に間違いない。そして、着いた港町の神戸、別府、東京の女をひと言で「お人好し」「一本気」「うす情」と言い切る。その女が港に着いた男と関わり、結果、「騙される彼岸花」「命とり紅椿」「傷ついた芥子の花」となってしまう。それぞれの花の盛りは華やかで美しい。けれどその花を形容する言葉によってその印象がガラッと変る。女の心の機微を知りつくしている山口洋子にして、はじめて出来た歌詞といえよう。

長崎から、横浜から、函館から船に乗ったのはどういう男か。何のために船に乗ったのか。仕事で行くのか。仕事だったら時間と金のかかる船より電車や飛行機にするだろう。そうなると、遊覧なのか。それぞれの港で女に逢っているのだから女性と一緒である筈がない。船乗りかもしれない。古い言葉になったが、「遊民」か？

そんな下らないことを穿鑿《せんさく》してもはじまらない。港から港へ。大人の粋な恋。女は泣くかもしれない。でもそれも仕方ないじゃないか……。男と女の千古不変の不思議な関係。私もそうだったと、この歌に触れた女性は思う。あれもいい思い出になっているわ。騙されても、忘れられなくなっても、傷ついても、女たちは生きている。

女性作詞家の歌詞には、男性作詞家の思いもよらない、女の強い心が秘められている。山口洋子がそれを意識して書いたかどうかは判らない。しかし、この歌を何度も歌ったり読んだりしていると、何があっても生き抜く女の勁《つよ》さが、歌詞の裏から滲み出てくる。それがまた、自分勝手な存在（?）の男には震い付きたくなるほどなのだ。

流行歌って、本当にいいなあ！

藤圭子

平成二十五年八月二十二日朝、西新宿のマンション十三階から転落して、藤圭子が死んだ。六十二歳だった。自殺らしい。数年間、まったく消息がつかめていなかったようだ。

昭和四十四年、十八歳の時、「新宿の女」（石坂まさを詞曲）でデビュー、翌四十五年、「圭子の夢は夜ひらく」（石坂まさを詞、曾根幸明曲）が七十七万枚の大ヒットとなった。

鼻筋のとおった色白、大きな瞳の年齢より二、三歳上に見える美形の顔からは思いもよらないカスレた低音で女の怨みを歌った藤圭子を、五木寛之が随筆「ゴキブリの歌」の「艶歌と援歌と怨歌」でとりあげて、ますます有名になった。引用する。

「藤圭子という新しい歌い手の最初のＬＰレコードを買ってきて、夜中に聴いた。彼女はこのレコード一枚を残しただけで、たとえ今後どんなふうに生きて行こうと、もうそれで自分の人生を十分に生きたのだ、という気がした。／歌い手には一生に何度か、ごく一時期だけ歌の背後から血がしたたり落ちるような迫力が感じられることがあるものだ。それは歌の巧拙だけの問題ではなく、ひとつの時代との交差のしかたであったり、その歌い手個人の状況にかかわりあうものである。（中略）／ここにあるのは、〈艶歌〉でも〈援歌〉

でもない。これは正真正銘の〈怨歌〉である。（中略）／いささか古いが、この歌い手にダミアの〈暗い日曜日〉や、グレコの〈ブラマント通り〉を歌わせてみたい。／〈怨歌〉は、暗い。聞けばますます暗い沈んだ気分になってくる。だが、私はそれでも、口先だけの〈援歌〉より、この〈怨歌〉の息苦しさが好きなのだ」

少し長い引用になったが、この文中には、「彼女のこのLPは、おそらくこの歌い手の生涯で最高の短いきらめきではないか、という気がした」という印象的な一文がある。言うとおり、昭和四十五年に出た「命預けます」（石坂まさを詞曲）を含む初期三曲と、ぼくが「女の情念《こころ》」で取り上げた「京都から博多まで」以外にヒット曲はない。TVのワイドショーの藤圭子自殺報道で流される歌は「圭子の夢は夜ひらく」がほとんどで、十回に一回くらいの割合で「新宿の女」が放送されるだけだ。五木寛之が予言したとおりになったと言えようか。ワイドショーでは、藤圭子の生涯、精神の病、夫、娘・宇多田ヒカルのこと、その関わりなどを延々と放送していたが、ぼくにとっては、そんなことはまったく無意味で、かつての四曲、五木寛之の言う「一時期だけ歌の背後から血がしたたり落ちるような迫力が感じられる……」四曲があればいい。

まず「新宿の女」。

一、私が男に　なれたなら

私は女を　捨てないわ
ネオンぐらしの　蝶々には
やさしい言葉が　しみたのよ
＊バカだな　バカだな　だまされちゃって
夜が冷たい　新宿の女＊
二、何度もあなたに　泣かされた
それでもすがった　すがってた
まことつくせば　いつの日か
わかってくれると　信じてた
＊繰り返し＊
三、あなたの夢みて　目が濡れた
夜更けのさみしい　カウンター
ポイとビールの　栓のよに
私を見捨てた　人なのに
＊繰り返し＊

男に関しては普通の女の人よりわかっていると自認していた筈が、優しい言葉に騙された。誠をつくせばわかってくれると信じてた。それなのに私を見捨てたあの人。そんな無情なあの人なのに、それでも私のすべてがあの人を忘れられない。でも、私は、来世、男に生まれかわっても、あの人のように女を捨てるなんて絶対しないわ。……三番の「ポイとビールの　栓のように　私を見捨てた」が、この歌の眼目だ。

女が、捨てた男に恋々とする様を詠ったこの歌、普通なら十八歳の少女の歌うものではない。しかし彼女は歌った。それを歌わせたのは石坂まさをだ。作詞・作曲石坂まさをはこの一曲で名をあげた。本名の沢ノ井竜二で作詞もする。藤圭子をモデルとした小説「怨歌の誕生」で五木寛之は彼のことを次のように書いている。

「……以前は東芝の専属作詞家であり、その後、無名の藤圭子を発見すると、心中覚悟の激しい売込みをやって今日の彼女の地位をきずきあげた人物、というのがその輪郭である。沢ノ井氏は自分の家に藤圭子を引取ってマン・ツー・マンの育て方をしたという。そして、藤圭子の歌の作詞からプランニングまでを一手に行なっている才人でもあるらしい」

という石坂まさをと会って、藤圭子を売るためには、どんなことでもしようという気概に圧倒されたらしい。そして、その時聞いた、

「できるだけ暗く暗く持って行こうとしてるんですがね。ちょっと目を離すと、すぐ明るくなっちゃう」

という言葉に引っかかったという。ぼくも、この「怨歌の誕生」を昭和四十五年十月号の「オール讀物」で読んだ時から気になった言葉だった。歌手たちは演出されて、ある固有（特定？）のイメージが付加されているのだと知った。まさに「怨歌の誕生」だ。その軌道にのせられて、藤圭子は生き、そして死んだ。

「圭子の夢は夜ひらく」。

一、赤く咲くのは　けしの花
　白く咲くのは　百合の花
　どう咲きゃいいのさ　この私
　夢は夜ひらく

二、十五　十六　十七と
　私の人生　暗かった
　過去はどんなに　暗くても
　夢は夜ひらく

三、昨日《きのう》マー坊　今日トミー
　明日《あす》はジョージか　ケン坊か
　恋ははかなく　過ぎて行き

夢は夜ひらく

四、夜咲くネオンは　うその花
夜飛ぶ蝶々も　うその花
うそを肴《さかな》に　酒をくみゃ
夢は夜ひらく

五、前を見るよな　柄じゃない
うしろ向くよな　柄じゃない
よそみしてたら　泣きをみた
夢は夜ひらく

六、一から十まで　馬鹿でした
馬鹿にゃ未練は　ないけれど
忘れられない　奴ばかり
夢は夜ひらく　夢は夜ひらく

昭和四十一年十一月に、この歌の元歌が出ている。中村泰士・富田清吾詞で園まりが歌った「夢は夜ひらく」だ。やはり夜の蝶の失恋の歌だが、そのことを今はある懐しさをもって思い出している女。「圭子の夢は夜ひらく」は、題のごとくまだ夢は残っている女の歌だ。「十五　十六　十七」は、昨日のこと。そして多くの恋は儚く過ぎていくが、また新しい恋、本当の恋に出会えるかもしれない。そんなことを思わせたのは、藤圭子が歌ったからだ。怨みの籠った歌であっても、暗くさせようとしても、本質的な明るさを持っている藤圭子だから、七十七万枚も売れたのだ。梶芽衣子の「怨み節」とは、そこが違っていた。もちろん、怨みとはまったく関わりないような園まりの「夢は夜ひらく」とも、節は同じでも、詞の内容も似ていても、出てきた歌は、まったく異なっていた。どちらがいい、というのではない。それが、歌い手のキャラクターというもので、受け手の好みにもつながってくる。藤圭子の成長過程（浪曲師の両親に連れられて門付、田舎芝居小屋への出演など）、声の質、歌の上手さ、そして見方によっては実に悲しそうなあの顔、これらを総合して売り出した石坂まさをの腕といえよう。

デビュー間もない三曲目の「命預けます」（石坂まさを詞曲）。

一、命預けます
　流れ流れて　東京は
　夜の新宿　花園で
　やっと開いた　花一つ
＊こんな女で　よかったら

命預けます＊
二、命預けます
嘘もつきます　生きるため
酒も飲みます　生きるため
すねるつもりは　ないけれど
＊繰り返し＊
三、命預けます
雨の降る夜は　雨に泣き
風の吹く日は　風に泣き
いつか涙も　枯れはてた
＊繰り返し＊

東京新宿花園、あるイメージが植えつけられている場所。花園神社の裏、いわゆるゴールデン街といわれる飲屋街。戦後の青線地帯。このイメージに重なった詞。「生きるため」に「嘘もつき」「酒も飲」む。それでも「雨の……夜は雨に」「風の……日は風に」泣く。泣けば涙も枯れる。この詞は、傍点を付したように、あるイメージを持った慣用句だけで出来ている、と言ってもいい。それでも藤圭子が歌うと、許せる。それが流行歌であり、五木寛之の言う怨歌なのだ。

「演歌の星を背負った歌手」

これはデビューして間もない頃に藤圭子に与えられたものだ。これが、藤圭子の生涯を決めてしまった。そこで生きていかざるをえなくさせた。何度も現役を退きながら、また何度も復帰した。そして、すべて成功しなかった。ただ一つの例外は、娘・宇多田ヒカルのデビューと成功だと思う。しかしそれは、怨歌歌手・藤圭子とは何ら関係ない。最初のLPに籠められていた「歌の背後から血がしたたり落ちるような迫力が感じられる」藤圭子とは直接関わりない。

藤圭子の自死を聞いて、生と死の間《あわい》に在る、流行歌が本来持っている筈の、恐ろしくも危うい、そして非情な、確たる信念を思った。

新宿

流行歌に出てくる街でもっとも多いのは新宿だ。銀座と違って、新宿は、いわゆる庶民の街、仕事の憂さを晴らす場所、訳ありげな男と女の行きつく処、哀愁とともに小さな喜びの潜む町、人生の苦も楽も、すべてが渦巻いているような喧噪の巷。けれど、いや、だからこそ、あらゆる人間を受け入れ、抱擁してくれる街。新宿。藤圭子のデビュー曲「新宿の女」は、こんな新宿を十七歳の少女に歌わせて成功した。そして、新宿を詠った歌は、ほとんどが酒場に関わる。

昭和四十二年、「新宿ブルース」(滝口暉子詞、和田香苗曲)を扇ひろ子が歌った。少し野太い声で投げやりな歌い方は、いかにも新宿にふさわしかった。

一、恋に切なく　降る雨も
　ひとりぽっちにゃ　つれないの
　夜の新宿　こぼれ花
　涙かんでも　泣きはせぬ
二、あんな男と　思っても

忘れることが　出来ないの
惚れてみたって　夜の花
三、西を向いても　駄目だから
東を向いて　みただけよ
どうせ儚い　なみだ花
夢に流れて　ゆくだけね
四、こんな私に　うまいこと
言って泣かせる　憎いひと
追ってみたって　はぐれ花
恨むことさえ　あきらめた
五、生きて行くのは　私だけ
死んで行くのも　私だけ
夜の新宿　ながれ花
いつか一度を　待ちましょう

酒場の女の、ひとりで懸命に生きる様を、そして男への想いを詠う。「涙かんでも」「添える訳では」なく、「夢に流れて」いき「恨むことさえ　あきらめ」、竟《つい》に五番の最終句「いつか一度を　待ちましょう」に、女の心は落ちつく。大きいが円《つぶ》らというには遠い表情の少ない眼と、形の良い鼻と口が、抑揚のない歌い方と相俟って奇妙にセクシーだった。それは、裏に、一本入った、通りに佇む女の漂わせるものだった。

そして、扇ひろ子が東京生まれかどうか知らないが、藤圭子が東北出身であっても「新宿の女」を歌えたように、熊本県出身の八代亜紀の再デビュー曲「なみだ恋」（昭和四十八年、悠木圭子詞、鈴木淳曲）も新宿でうまれた恋を歌った。新宿には、日本中の男と女が生きている。

一、夜の新宿　裏通り
　肩を寄せあう　通り雨
　誰を恨んで　濡れるのか
　逢えばせつない　別れがつらい
　＊しのび逢う恋　なみだ恋
二、夜の新宿　こぼれ花
　一緒に暮らす　しあわせを
　一度は夢に　みたけれど

冷たい風が　二人を責める
＊繰り返し
三、夜の新宿　裏通り
夜咲く花が　雨に散る
悲しい運命《さだめ》を　占う二人
何故か今夜は　帰したくない
＊繰り返し

「しのび逢」わなくてはならない二人の「悲しい運命」を恨んでも仕方ない。「夜の新宿」の「裏通り」にしか咲かない「花」が、朝を、昼を望んでも、それは儚い夢。「人の夢」と書く「儚」が「はかない」とは、いかにも流行歌にふさわしい文字ではないか。

忘れることが出来ない男を想う女の心を詠った「新宿ブルース」と、いつかは別れなくてはならないだろう男と女の〝しのぶ恋〟を詠った「なみだ恋」、同じ新宿の女が主人公であっても、歌い手のキャラクターによって、まったく異なった女のイメージが出来上がる。ということはその歌手に合わせて「作家は歌を創る」ということだ。

「新宿ブルース」の一番では「ひとりぽっちにゃ　つれないの」と言っていながら五番では「生きて行くのは　私だけ　死んで行くのも　私だけ」と言い切る。「なみだ恋」では、「肩を寄せあう　通り雨」に濡れる二人の悲哀、でも「今夜は　帰したくない」逢う瀬。これは、今も言うように、歌手の印象による。両方とも作詞は女性。だからその底には女性の強《したた》かさが仄見《ほのみ》える。

「新宿情話」（猪又良詞、船村徹曲）という歌がある。昭和五十九年に細川たかしが出しているが、はじめは、ちあきなおみの歌で、たぶん昭和五十年前後にレコードとなった筈だ。しかしぼくは細川たかしの歌しか知らない。

一、新宿は　西口の
　間口五尺の　ぽん太の店が
　とうとうつぶれて　泣いてるヒロ子
　三畳一間で　よかったら
　ついておいでよ　ぼくんちに
二、東京は　広いから
　親も故郷も　知らない人が
　ヒロ子の他にも　いっぱいいいるさ
　泣くのはいいけど　泣いたなら

　ぼくの笑顔が　見えなかろ
三、これからは　どうなるの
　赤いランプの　最終電車
　しょんぼり見送る　ヒロ子の涙
　風呂敷包を　中にして
　つなぐ手と手に　霧が降る

細川たかしは民謡を歌っていたからだろう、小節をクルクルとまわし、その歌い方は情緒纏綿《てんめん》たるものだった。「矢切の渡し」（石本美由起詞、船村徹曲）も、昭和五十一年にちあきなおみが歌い、五十八年に細川たかしが歌っている。この歌も細川は思い入れたっぷりに歌う。それは細川の歌として、充分に良い。しかし、ちあきなおみは口先だけで歌っているように見えながら、決してそうではない。実際に聞いてみないとわからないだろうが、矢切の渡しで逃げていくしかない若い男女のどうしようもない切羽詰まった気持が滲み出てくる歌い方だ。きっとこの「新宿情話」も、ヒロ子の心細さと、声をかけたぼくの優しげな姿が沁々と伝わってくる歌い方に違いないと思う。

　ぼくはぽん太の客なのだろうか。ぼく（筆者）はずっと、この店の料理人とかバーテンとかいう男だと思って歌っていたが、間口五尺の店ではママが一人で切り盛りしているのが普通だろうから、このぼくは客の一人に違いない。このぼくも、ヒロ子に少し毛の生えた程度の、決して豊かな暮らしの男ではない筈だ。なんせ、三畳一間のアパートなのだから。それでもヒロ子に手を差し伸べる。小さな風呂敷包み一つで出て来たヒロ子と、その包みを「中にしてつなぐ手と手」の二人に「霧が降る」。この終りの詞で、二人の淡い想いと、悲哀を柔らかく包み込む。

「赤いランプの　最終電車」は、まだ走っていたろう都電の終電車だろうか。新宿の大ガードの上を走る山ノ手線の終電ではないと思いたい。最終電車が通り過ぎたあと、街の灯は一つずつ消えてゆく。街灯だけがポツポツと道を明るませている新宿の西口、二人はぼくの三畳一間に歩いていくしかない。その向こうには、仄かな二人の暖かさが伝わり、明日の朝の日の出が望み見られるようだ。

ちあきなおみの新宿を詠った絶唱が、「紅とんぼ」（昭和六十三年、吉田旺詞、船村徹曲）だ。

一、空《から》にしてって　酒も肴も
　今日でおしまい　店仕舞い
　五年ありがとう　楽しかったわ
　いろいろお世話になりました

しんみりしないでよ　ケンさん
＊新宿駅裏　紅とんぼ
思い出してね　時々は＊
二、いいのいいから　ツケは帳消し
みつぐ相手も　いないもの
だけどみなさん　飽きもしないで
よくよく通ってくれました
歌ってよ騒いでよ　しんちゃん
＊繰り返し＊
三、だから本当よ　故郷《くに》へ帰るの
誰ももらっちゃ　くれないし
みんなありがとう　うれしかったわ
あふれてきちゃった思い出が
笑ってよ泣かないで　チーちゃん
＊繰り返し＊

七人も入れば一杯になり、あとは立って飲んでいる客。ほとんどが顔見知り、時に小競合いくらいはあるが、次に会った時はまた笑顔で飲みかわす。そんな店に育てた紅とんぼのママの姿形が髣髴《ほうふつ》としてくる。白い割烹着の似合う、キリッとした気っ風のいいママ。

新宿は「駅裏」がいい。「新宿駅前」ではピンとこない。ましてや「側」「傍」「脇」などは論外だ。それにしても「新宿駅裏」とは何処だろう。西口線路沿いの〝思い出横丁〟（通称ションベン横丁）だろうか。昭和六十年代はじめ、南口はまだ現在のように綺麗になってはいなかった。台湾料理の雑駁だけれど美味い店もあった、あの辺りだろうか。競馬の場外馬券売場の傍だろうか。新宿といえば、歌舞伎町やゴールデン街がすぐに思いつくが、〝新宿駅裏〟は、実はもっとも新宿らしい場所だ。もうずいぶん以前になくなったが、南口と中央口の間にあった五十鈴という飲屋は、戦後の新宿の名残だった。西武新宿駅の傍には、いろは、あづま、青果店高野の横にあったハモニカ横丁から移ってきた利佳という三軒の飲屋が並んでいた。それぞれ、名物の女将が店を切り盛りしていた。「紅とんぼ」のママも、そんな一人だったろう。「新宿情話」のぽん太の店も、〝紅とんぼ〟のような店だったに違いない。

両親の世話をするために故郷へ帰るのだろうか。畑仕事に戻るというのか。一段落したらまた新宿へ帰ってくるつもりかもしれない。そして今日別れを惜しんでくれた馴染みも帰ってきて、また賑やかな店が開かれるかもしれない。そんな家族的な店の様子が、店を閉める時にしみじみ感じられる。〝紅とんぼ〟は、そういう飲屋だ。そういうママだ。また「紅とんぼ」であって、「赤とんぼ」ではこういう店の雰囲気は出ない。童謡ではないのだ。

それを、ちあきなおみは、心を込めて歌った。と言っても執拗《しつこ》く歌うのではない。「五年ありがとう　楽しかったわ」「だけどみなさん　飽きもしないで」「みんなありがとううれしかったわ」の箇所は、ついつい語ってしまいがちだが、ちあきなおみは、きちんと歌っていた。掠《かす》れるようでいながら透き通る声は〝紅とんぼ〟のママそのものであり、その歌の向こうに、ケンさん、しんちゃん、チーちゃんたち客の顔が見えていた。

「新宿ブルース」も「新宿の女」も「新宿情話」も、そして「紅とんぼ」も、みんな新宿だ。ここに詠われた女たちは、みんな新宿の女なのだ。

昭和四十四年「雨に濡れた慕情」でデビュー、多くのヒット曲を歌ったが、平成四年の夫の死によって、一切の活動を休止して今に至るちあきなおみ。いまだに、カセットやCDが繰り返し発売されて、人気の程がうかがえる。昭和二十二年生まれだからもう七十歳を越えたが、歌唱力は絶対衰えてはいないと思う。新しいちあきなおみを聞かせてほしいと思っているのは、ぼくだけではない筈だ。

昭和六十年六月、NHKで井上ひさし作のTVドラマ「國語元年」が五回連続で放送された。明治初年、「全国共通話し言葉」制定を命ぜられた文部省学務局官吏の苦闘を描いたものだが、その官吏は長州出身で川谷拓三が演じ、その妻役がちあきなおみだった。薩摩の生まれで、実におっとりというかのんびりというか、世間から超越している女性で、夫は婿養子、という設定だった。そのちあきなおみの芝居が、無性に上手くて、彼女が画面に出てくると、それだけで笑いたくなる。科白を口にしはじめると、腹をかかえて笑いころげてしまうほどだった。「紅とんぼ」や「矢切の渡し」を歌っているちあきなおみからは、まったく想像出来ない芝居だった。そうか、歌の上手い人は芝居も上手いんだ、そして、芝居の上手な人は歌も得意なんだ、とその時思ったものだった。

島倉千代子

平成二十五年十一月八日、島倉千代子が肝臓癌で死んだ。七十五歳だった。

昭和三十年二月、十六歳になる直前、「この世の花」でデビュー。以来、様ざまなアクシデント、不幸に遭いながら、五十九年におよぶ長きに亙って歌いつづけてきた。来年はデビュー六十年目に入るので、それを記念した歌を出そうと、南こうせつに作詞作曲を依頼した。その歌を十一月十五日に収録の予定にしていたが、島倉から南に電話があった。

「予定まで私の身体はもたない。十日早めてほしい」

という話だった。急遽十一月五日に録音ということになった。すでに島倉はベッドに寝ているだけで、一人で立つことさえ叶わない状態だったという。寝室に機材を持ち込み、抱えられてベッドから起きた彼女は椅子に坐って歌った。二回歌い終ったあと、

「あと一回、私の歌いたいように歌わせてほしい」

と言って三回目を歌ったそうだ。たぶん、その三回目の歌が、CDとして十二月中旬に発売されたのだろう。「からたちの小径」という題で、島倉千代子の代表曲のうちの代表とも言うべき「からたち日記」を受けた歌で、南こうせつと共同で作詞した喜多條忠《まこと》の島

倉千代子への思い、すなわち、島倉千代子の歌への思いの籠った詞であり、デビュー当時の彼女の清純なイメージを思い出させる曲だ。

一、なつかしいうたを　誰かがうたっている
　遠い日の思い出が　よみがえる
　駅から続く　からたちの小径を
　手をつなぎ　寄り添って　歩いたわ
　ああ恋のかほり残して　あなたは消えた
＊好きですいついつまでも　涙がぽろぽろり
二、凍てつく夜は　手と手を重ね合い
　ずっといっしょ　あなたのささやき信じてた
　雪より白い　つましいあの花に
　トゲのあることすらも　忘れてた
　ああ今も浮かぶ面影　あなたの笑顔
＊繰り返し
三、帰らない日々を　くやみはしないけど
　人生は流れゆく　旅景色

たった一度の　ときめきの香りが
夢見るように　淋しそうについてくる
あああなたが歌ったうた　忘れはしない
＊繰り返し

「からたち日記」を本歌としていること歴然だが、これが、島倉千代子なのだ。

録音が済むとベッドに倒れこみ、以後起き上がることなく、しかし南こうせつに礼を言い、スタッフに礼を言い、三日後に逝った。これも島倉千代子だ。

凄愴というか凄絶というか、壮絶な、歌に対する執念を後輩に遺していった最期だった。美空ひばりも、死の直前には、担架で運ばれ、楽屋ではベッドに伏せていたのが、いざ舞台となると、まったく別人の如く背筋が伸び、堂々と歌った。声はちょっと弱ってはいるが、元気な時とほとんど変りなく出ていた。

この凄まじいまでの念《おも》いは何なのだろう。ただ歌が好き、だけではこうはいかない。流行歌の「魔」に取り憑かれたのか。

ぼくはデビュー直後から島倉千代子のファンだった。中学二年になる二月に出た「この世の花」（西条八十詞、万城目正曲）は、十三歳のぼくを魅了した。
一、赤く咲く花　青い花

この世に咲く花　数々あれど
涙に濡れて　蕾のままに
散るは乙女の　初恋の花

二、想う人には　嫁がれず
想わぬ人の　言うまま気まま
悲しさこらえ　笑顔を見せて
散るもいじらし　初恋の花

三、君のみ胸に　黒髪を
うずめたたのしい　想い出月夜
よろこび去りて　涙はのこる
夢は返らぬ　初恋の花

『日本流行歌史』（社会思想社）によると、昭和二十年代後半は「これといったヒットが生まれていない。歌謡曲としては低迷の時期だったといえるだろう。だがその代りに流行したのがジャズであった」という。そして二十九年に春日八郎の「お富さん」の大ヒットとなるのだが、「五五年（昭和三十）以後になると、どっと流行歌とスターの登場ということになってくる。（中略）そのトップを切ったのは五四年（昭和二十九）のコロンビア歌謡コンクールで一位をとってプロ入りした島倉千代子だが、彼女のデビュー曲は西条・万城目コンビの「この世の花」であった。まったく相手変われど主変わらず、またしても古くさい歌謡曲の焼き直しがこの新人歌手に与えられているのだ」（傍点・久米）とも言っている。

「時移り人変われど、変わらぬものは人の情」と、ぼくは思っている。そしてぼくたちは、古くさい歌謡曲が好きなのだ。だから、その後、「りんどう峠」（昭和三十年、西条八十詞、古賀政男曲）「東京の人よさようなら」（昭和三十一年、石本美由起詞、竹岡信幸曲）「逢いたいなアあの人に」（昭和三十二年、石本美由起詞、上原げんと曲）と、古くさいと思われる歌がつづいても、何の抵抗もなく、どころか、嬉々として聞き、歌っていた。

　島倉千代子の声は実に高く、それでいながら低音は低音でそこにきちんと位置している。各連最後の詞《ことば》の「初恋の」は「は〜」と伸ばしながら音も裏返し、「こいーの」ではなく、「こいいの」と歌った。この調子が言い様なく島倉千代子の声の持っている妙というものと、そしてその上手さを知っている作家の引き出し方の力の冴えというものを感じさせてくれた。この歌い方が、初恋の嬉しさと哀しさを聞き手にストレートに伝えてきた。古いからこまった歌だ、ということにはならない。流行歌の三位一体（詞曲歌）の醍醐味と言える。

　先に挙げた三曲他を経て昭和三十三年に、「からたちの小径」の本歌となった「からたち日記」（西沢爽詞、遠藤実曲）が出た。

一、こころで好きと　叫んでも
　口ではいえず　ただあの人と
　小さな傘を　かたむけた
　ああ　あの日は雨　雨の
　小径に白い　仄かな
＊からたち　からたち　からたちの花
セリフ　幸福《しあわせ》になろうね　あの人はいいました
　　私は小さくうなずいただけで　胸がいっぱいでした
二、くちづけすらの　思い出も
　のこしてくれず　去りゆく影よ
　単衣《ひとえ》の袖を　かみしめた
　ああ　あの夜は霧　霧の
　小径に泣いて　散る散る
　＊繰り返し
セリフ　このまま別れてしまってもいいの　でも　あの人は淋しそうに目を伏せて

それから思い切るように　霧の中へ消えてゆきました
さよなら初恋　からたちの花が散る夜でした

三、からたちの実が　みのっても
別れた人は　もう帰らない
乙女の胸の　奥ふかく
ああ　過ぎゆく風　風の
小径に　いまは遙かな
＊繰り返し

セリフ　いつか秋になり　からたちには美しい黄色い実が沢山みのりました
今日も又　私は一人この道を歩くのです
きっとあの人が帰ってきそうな　そんな気がして

「この世の花」と同系の哀しい初恋の歌。デビュー以来四年近くになっても、島倉千代子は前世代の「古くさい歌謡曲の焼き直し」が最もふさわしい。「口ではいえず」「あの日は雨」「去りゆく影」「あの夜は霧」「別れた人」「過ぎゆく風」「一人この道を歩く」と、流行歌にふさわしい言葉がピッタリなのだが、どこか、印象が鮮烈だ。詞の向こうに透き徹るようなものがある。からたちの生垣に咲く白い花の小径を歩く、幼いと言ってもいい二人の姿がはっきりと見えてくる。そして今、白いからたちの花は散り、黄色く堅い実が実る同じ小径に、少女が一人佇んでいる。からたちの実の黄色以外、すべてが白く儚く美しく、目の前に浮かんでくる。

高校二年の時に受けたイメージと、今感じるものがまったく同じだというのはどういうことか。あの時の印象が強烈で、いまだにそこから抜けられないでいるからなのか。いや、そうではなく、この歌が出すメッセージが、誰の心にも同じものとして伝えてくるのだと思う。

この歌のあと、昭和三十五年に「哀愁のからまつ林」(西沢爽詞、船村徹曲) が出た。

一、涙あふれて　はり裂けそうな
　胸を両手で　抱きしめる
　みえないの　みえないの
　背のびをしても
　ああ　あの人は　行ってしまった
　からまつ林

二、せめてもいちど　恋しい人の
　腕に甘えて　縋れたら

それだけで　それだけで
死んでもいいの
ああ　弱虫と　風が叱るわ
日暮の風が

三、あとも見ないで　別れていった
男らしさが　哀しさが
燃えるよな　燃えるよな
夕やけ小やけ
ああ　帰りましょう　影を踏み踏み
落葉の道を

「からたち日記」と同じ、別れていった男を思い出の場所で偲ぶという設定。ともに西沢爽作詞だ。

あとになって思うと大したことではないのに、あの時は、すべてが失われてしまったように悲しく苦しかったわ。島倉千代子の儚いような高音は、初恋が破れた時の女性というのは、まさにこんななんだろうなと、聞き手を納得させる力を持っていた。「落葉松」とせずに「からまつ」とひら仮名にしたこと、「哀愁の」という形容句を頭に付したことで、

「からたち日記」も「日記」という思い出を記すもの、思い出の筺《はこ》ともいえる語に、刺のある木、しかも食用にならない果実が実る、しかし可憐な白い花を咲かせる「からたち」で形容することで、初恋を失った少女の姿を、くっきりと描き出している。

翌三十六年は六月の「襟裳岬」（丘灯至夫詞、遠藤実曲）、十二月の「恋しているんだもん」（西沢爽詞、市川昭介曲）がヒットし、五年後の四十一年に「ほんきかしら」（岩谷時子詞、土田啓四郎曲）、四十三年に「愛のさざなみ」（なかにし礼詞、浜口庫之助曲）と、小ヒットが出たが、その後しばらくヒットが無い。その間、結婚、離婚、借金、病気と、不幸に襲われつづける。この島倉千代子の私的な不幸については、それは、藤圭子、美空ひばりについても同じで、歌手にとっては、歌うこと、歌う歌、それだけが重要なので、それ以外不要だ。小説もそうで、普通の読者に作家論はいらない。作品だけあればいい。

たとえば歌舞伎役者の初代中村仲蔵。大部屋から名代にまで上りつめた名優として名高いが、その苦労話は話としてはおもしろい。落語の「中村仲蔵」などは泣けるし笑える。だが、それより何より、仲蔵が創ったという「仮名手本忠臣蔵」「山崎街道」の場での斧《おの》定九郎《さだくろう》の格好いい型をたのしめばいい。役者や歌手やスポーツ選手は、普通の人のできないことをやり、それで夢を見せてくれる。それだけでいい、いや、それだけがいい。

しかし、昭和六十二年に出て大ヒットとなった「人生いろいろ」（中山大三郎詞、浜口まったく違った歌になっていたかもしれない。他の歌手だったら（庫之助曲）は、人生の辛酸をなめたことがよかったのかもしれない。

一、死んでしまおうなんて　悩んだりしたわ
バラもコスモスたちも　枯れておしまいと
髪をみじかくしたり　つよく小指をかんだり
自分ばかりを責めて　泣いてすごしたわ
ねえ　おかしいでしょ　若いころ
ねえ　滑稽でしょ　若いころ
笑いばなしに　涙がいっぱい
涙の中に　若さがいっぱい
＊人生いろいろ　男もいろいろ
女だっていろいろ　咲き乱れるの＊

二、恋は突然くるわ　別れもそうね
そしてこころを乱し　神に祈るのよ
どんな大事な恋も　軽いあそびでも
一度なくしてわかる　胸のときめきよ

いまかがやくのよ　私たち
いまとびたつのよ　私たち
笑いばなしに　希望がいっぱい
希望の中に　若さがいっぱい
＊繰り返し＊

四十九歳になった島倉千代子が浜口庫之助の軽やかな旋律を和服でステップを踏みながら歌う姿は、絵になっていた。それは、苦労を経てきたから出来るステップであり、歌だった。けれど、聞き手にとって、島倉千代子の私生活は関わりない。

「人生いろいろ」の詞はよく読むとずいぶんとシビアだ。この詞に、浜口庫之助はアップテンポな、ちょっとユーモラスな曲をつけた。このアンバランスが、島倉千代子の歌手としての力と合体することによって、あのヒットに結びついたと思う。

けれどぼくは、清純な島倉千代子の清純な歌が好きだ。それは、声が出なくなりはじめてからの歌であっても、変りなく好きだった。その清純な歌の終着点として「からたちの小径」を遺して逝ってくれたことが心からうれしい。

青春

大体十歳代半ばから二十歳代半ばを「青春」と言う。中国古代の思想で、春夏秋冬を色で表わし、青春、朱夏、白秋、玄冬と言う。玄は玄人というように黒だ。そしてそれぞれを四方に充て、春は東、夏は南、秋は西、冬は北とし、その各方に神を配した。それが、青龍、朱雀、白虎、玄武だ。すなわち平城京・平安京の朱雀門は内裏の南門ということになるわけだ。武は、亀と蛇を一つにしたものとも言われているそうだ。大和のキトラ古墳玄室の壁面に描かれた極彩色の絵で広く知られるようになった。

これを人生に配分し、若い時期を春と考えて青春としたのだが、壮年を朱夏、熟年を白秋、老年を玄冬とはほとんど言わない。不思議と言えば言える。五木寛之の小説で青朱白玄をモチーフとした作品がある。

〝人間到る所青山あり〟と言う。この青山は青々と樹々が茂った山、〝男子たる者、志を立てて門を出《いず》れば、何処で生を終えても好しとせよ、骨を埋められる青々とした山は何処にだってある〟と男子に心の持ち方をすすめた釈月性の詩に由来する。

それはさておき、昭和三十七年八月に出た北原謙二が歌った「若いふたり」（杉本夜詩美詞、遠藤実曲）が、いわゆる青春歌謡流行の切っ掛けという。

一、きみにはきみの　夢があり
ぼくにはぼくの　夢がある
ふたりの夢を　よせあえば
そよ風甘い　春の丘
＊若い若い　若いふたりの　ことだもの

二、きみにはきみの　歌があり
ぼくにはぼくの　歌がある
ふたりの歌を　おぼえたら
たのしく晴れる　青い空
＊繰り返し

三、きみにはきみの　道があり
ぼくにはぼくの　道がある
ふたりの道は　遠いけど
きのうもきょうも　はずむ足
＊繰り返し

鼻にかかった高い声で軽く口先だけで歌うような北原謙二の歌は、詞の内容にふさわしかったのかヒットし、続々と青春歌謡がつくられた。安易といえば安易、単純といえば単純、軽いといえば軽い詞は、いわゆる流行歌といえば思い出す男と女の暗く重い関係の、いかにもそれらしい詞とは掛け離れたところが受けたのだろうか。

翌月、橋幸夫・吉永小百合デュエットの「いつでも夢を」（佐伯孝夫詞、吉田正曲）が出た。そして第三回のレコード大賞を受けた。

一、星よりひそかに　雨よりやさしく
　あの娘《こ》はいつも歌ってる
　声がきこえる　淋しい胸に
　涙に濡れたこの胸に
＊言っているいる　お持ちなさいな
　いつでも夢を　いつでも夢を＊
　星よりひそかに　雨よりやさしく
　あの娘はいつも歌ってる
二、歩いて歩いて　悲しい夜更けも
　あの娘の声は流れくる

すすり泣いてる　この顔上げて
きいてる歌の　懐かしさ
＊繰り返し＊
歩いて歩いて　悲しい夜更けも
あの娘の声は流れくる
＊繰り返し＊
はかない涙を　うれしい涙に
あの娘はかえる　歌声で

西条八十に憧れて早大仏文科に入学した佐伯孝夫は国民新聞、後に東京日日新聞の記者となるがそのかたわら作詞したという。本人は「詩人になりそこね、記者になりそこね」たと笑っていたというが、戦前から戦後に亙って流行歌の本道を歩いた作詞家として、西条八十に次ぐ大きな存在といっていいだろう。とかく押しつけがましくなりがちな内容のこの歌を、橋幸夫、吉永小百合の二人は、実にさりげなく詠いきっている。その技は、さすがとしか言いようがない。同年五月に吉永小百合とマヒナスターズが歌った「寒い朝」が、同じ佐伯孝夫・吉田正のコンビで出ている。直接〝青春〟という意味合いを伝える詞はないが、この歌は青春歌謡の傑作だと、ぼくは思っている。

一、北風吹きぬく寒い朝も
心ひとつで暖かくなる
清らかに咲いた可憐な花を
みどりの髪にかざして今日も　ああ
北風の中にきこうよ春を
北風の中にきこうよ春を

二、北風吹きぬく寒い朝も
若い小鳥は飛び立つ空へ
幸福《しあわせ》求めて摘みゆくバラの
さす棘いまは忘れて強く　ああ
北風の中に待とうよ春を
北風の中に待とうよ春を

三、北風吹きぬく寒い朝も
野越え山越え来る来る春は
いじけていないで手に手をとって
望みに胸を元気に張って　ああ

北風の中に呼ぼうよ春を
北風の中に呼ぼうよ春を　（傍点・久米）

一番では春を聞き、二番で待ち、三番で呼ぶ、この姿勢は、何とも爽やかで、身も心もかじかむ冬の寒さの中にスックと起つ若者の姿が見えてくる。こういう詞《うた》の創り方が、流行歌なのだろう。「いつでも夢を」の娘の歌声、「寒い朝」の彼処《あそこ》にある春、その普通に其処《そこ》にあるモノを生きる一つの目的とする、誰もが見逃がしてしまいそうな当り前の事を何でもない言葉で詠う。それが流行歌の流行歌たる所以《ゆえん》で、いかにその言葉を大衆に迎合したものにしないかが、作詞家の腕というものか。

翌昭和三十八年七月、舟木一夫が「高校三年生」（丘灯至夫詞、遠藤実曲）でデビュー、詰襟の学生服、短い髪、爽やかな笑顔と声で、一躍トップスターとなり、続々と青春歌謡を発表していく。

一、赤い夕陽が　校舎をそめて
ニレの木陰に　弾む声
ああ　高校三年生
ぼくら　離れ離れに　なろうとも
クラス仲間は　いつまでも

二、泣いた日もある　怨んだことも
　思い出すだろ　なつかしく
　ああ　高校三年生
　ぼくら　フォーク・ダンスの　手をとれば
　甘く匂うよ　黒髪が
三、残り少ない　日数を胸に
　夢がはばたく　遠い空
　ああ　高校三年生
　ぼくら　道はそれぞれ　別れても
　越えて歌おう　この歌を

良き時代の、しかし現実にはちょっと考えられない、絵に描いたような高校生活が詠われる。「赤い夕陽」が染める校舎、「フォーク・ダンス」に興ずる、「夢がはばたく」日々。憧れと若き日への郷愁の学園風景。実際にはほとんど考えられない高校生たちの姿が詠われているからこそ、ヒットしたのかもしれない。ぼくは昭和三十年代初頭の中学時代、フォーク・ダンスを踊った。高校生は、子供みたいなものと無視していたのではないか。中学校で行なわれた男女生徒のコミュニケーションの一つだったと、ぼくは思う。

この一年後の三十九年、「花咲く乙女たち」という青春の明るさと儚さと繊細さを詠った歌が出た。佐伯孝夫の師である西条八十の詞で、作曲は遠藤実。

一、カトレアのように　派手なひと
　鈴蘭のように　愛らしく
　また忘れな草の花に似て
　気弱でさみしい　眼をした子
＊みんなみんな　どこへゆく
　街に花咲く　乙女たちよ＊

二、あの道の角で　すれちがい
　高原の旅で　歌うたい
　また月夜の　銀の波の上
　ならんでボートを　漕いだひと
＊繰り返し＊
♡みんなみんな　今はない
　街に花咲く　乙女たちよ♡
♡繰り返し♡

三、黒髪をながく　なびかせて
　春風のように　笑う君
　ああ　だれもが　いつか恋をして
　はなれて嫁いで　ゆくひとか
◇みんなみんな　咲いて散る
　街に花咲く　乙女たちよ◇
◇繰り返し◇

三つの花で少女の三態を表現、三つの状況で少年と少女の関わりを言い、その少女たちが成長して女となっていく結果へと導く西条八十の作詞術は、この歌が出た年に社会人となったぼくを捉えたものだった。新宿の街で流しのギターに合わせて、よく歌った。バーやクラブには、カトレア、鈴蘭、忘れな草に準《なぞら》えられる女性が必ずいたのだ。その女性たちも、その新宿の街も、遥か彼方だ。

同じ年、「青春の城下町」（西沢爽詞、遠藤実曲、梶光夫歌）が出た。

一、流れる雲よ　城山に
　のぼれば見える　君の家
　灯りが窓に　ともるまで

見つめていたっけ　逢いたくて
＊ああ青春の　思い出は
わがふるさとの　城下町＊
二、白壁坂道　武家屋敷
はじめてふれた　ほそい指
ひとつちがいの　君だけど
矢羽根の袂が　可愛いくて
＊繰り返し＊
三、どこへも誰にも　嫁《い》かないと
誓ってくれた　君だもの
故郷に僕が　帰る日を
待っておくれよ　天守閣
＊繰り返し＊

ストレートに〝青春〟という言葉を使って青春そのものを詠いあげた。それでいて押しつけがましくない。城跡の石垣、名残の白壁、武家屋敷、振り仰ぐ天守閣。イメージどおりの城下町の姿だが、なんとも優しく懐しい。この懐しさは何だろう。東京生まれのぼくの小ぢんまりした城下町への憧れだろうかとも思ってみるが、この町で育った主人公の君への想い、初恋の儚い美しさによるのだろうか。作詞の西沢爽も東京生まれなのだから、この歌の主人公となってつくったのに違いない。荒木とよひさの言う、女性に対する憧れが、女性作詞家と異なった女性を描ける、というのと同様に、東京生まれだからこそ、ある郷愁をもって、この歌が作られたのかもしれない。

それにしても、青春歌謡の作曲に遠藤実が多いのは何故だろう。

昭和五十一年、「青春時代」（阿久悠詞、森田公一曲歌）が出た。十二年前の青春歌謡流行の反省というか総括したような歌だった。

「青春時代が夢なんて　あとからほのぼの思うもの　青春時代の真ん中は　道に迷っている（胸に刺《とげ》さすこと）ばかり」のリフレーンは、あのちょっと哀しいけれど青春への手放しの讃歌だった〝青春歌謡〟へのアンチテーゼだったのか。

「二人で暮した年月《としつき》を　何で計ればいいんだろう」「あなたは少女の時を過ぎ　愛に悲しむ女《ひと》になる」など、あまりに自虐的と感じるぼくはおかしいのだろうか。ポップ調の曲がこの歌をヒットさせたと思うが、この歌、いかにも日本人の、これが駄目、今までのものは否定すべきとなったらすべてを捨て去るという心性を詠っているようで、その意味ではおもしろい歌だと思う。

旅の宿

旅は人の心を広やかにするとともに、感傷的にもする。特に許されざる異性との旅は、その思いをより強くする。昭和三十九年十月、ちょうど東京オリンピックが開催された時に出たのが「おんなの宿」（星野哲郎詞、船村徹曲）だ。

一、想い出に降る　雨もある
　恋に濡れゆく　傘もあろ
伊豆の夜雨《よさめ》を　湯舟できけば
明日《あす》の別れが　つらくなる
二、たとえひと汽車　おくれても
すぐに別れは　くるものを
わざとおくらす　時計の針は
女ごころの　悲しさよ
三、燃えて火となれ　灰になれ
添えぬ恋なら　さだめなら

浮いてさわいだ　夜の明け方は
箸を持つ手が　重くなる

この歌が大下八郎のデビュー曲になる筈だったが、地味すぎるということであとから出されたという。ところがこの歌がヒットし、大下八郎の代表曲になった。久世光彦が『マイ・ラスト・ソング』で「やや与太者風に品のない、俗にいうクサい歌い方が逆に良かった」と言うように、雑に感じられるような歌い方が、内容をよりリアルに伝えることになったのだろう。そして久世光彦はこうも言う。「イメージされる男女の姿も、男は角刈りか、安ポマードの匂いのするリーゼントで、女は着物をだらしなく着崩した飲み屋の女がいい。いずれ、裏通りの、そのまた日陰を拾って歩く男と女である」

しかし、ぼくはそう思えない。妻ある男と未婚の女の秘めやかな恋。ようやく二人で時を見つけて伊豆の山の湯に一泊で来ることが出来た、普通の男女の不倫、と思う。だから、男が先に帰るのを宿の窓から手を小さく振って見送るしかない。でも、その時を少しでも遅くしたいと時計を遅らせる女心。この短い逢瀬に思いのすべてをぶつけあいたい。それが三番の「燃えて火となれ　灰になれ」だ。そして「浮いてさわいだ」一夜《ひとよ》の明け方には「箸を持つ手が」ついつい「重くなる」ほどに動きが止まってしまう。その手の指の先には、昨夜の思い出が染みついている。お膳を中に向かい合う箸を持つ時が過ぎれば、この人は私とは別の暮らしに戻っていく。男が帰った後、女は男の残り香に一人悶々とするしかない。許されることのない仲だけれど、女の心も身もすべて男にある。誰かを泣かしても、思いを遂げたい。こういう二人だけの時を持ったあとには、ますますその想いが募る。

作詞の星野哲郎は「美空ひばり」の項で触れた「みだれ髪」の作詞家だが、他に水前寺清子の「三百六十五歩のマーチ」などの人生の応援歌と自ら言う援歌を作った人だ。五木寛之の言うように、怨歌の方が、どんなにか流行歌らしいか知れない。「みだれ髪」もそうだが、この「おんなの宿」も、その底には怨みが居坐っている。それが、詞の表に出て来なくても、ひしひしと伝わってくる。

「おんなの宿」は妻ある男を恋する女の心を詠った歌。昭和五十七年に出た「さざんかの宿」（吉岡治詞、市川昭介曲、大川栄策歌）は人妻を想う男の苦悩を詠う。

一、くもりガラスを　手で拭いて
　あなた明日《あした》が　見えますか
　愛しても愛しても　ああ他人《ひと》の妻
　赤く咲いても　冬の花
　咲いてさびしい　さざんかの宿
二、ぬいた指輪の　罪のあと

かんでください　思いきり
燃えたって燃えたって　ああ他人の妻
運命《さだめ》かなしい　冬の花
明日《あす》はいらない　さざんかの宿

三、せめて朝まで　腕の中
夢を見させて　くれますか
つくしてもつくしても　ああ他人の妻
ふたり咲いても　冬の花
春はいつくる　さざんかの宿

この歌、各連とも、リフレーンの前は他人妻《ひとづま》の立場、そのあとはその相手の男の思い、そして各連最後の詞で、二人の切なる思いが詠われる。一番で「咲いてさびしい」そして二番で「明日はいらない」と厭世的とも言える思いに達するが、三番で「春はいつくる」と実に小さな光を待ちたい二人の、藁にも縋りたい思いで終える。

夜中、室内の熱気でくもった窓ガラスを手で拭いて見ている男に、真っ暗で何も見えない窓の外に明日が見えるかと問う他人妻。「明日」はこの二人には無いに等しい。それがこの問いになる。そして「せめて朝まで」はその「夢」を見せて欲しいのだ。万に一つはその思いが遂げられるかもしれない。そこで、「春はいつくる」と締める。このあり様《よう》が流行歌だ。

左手薬指から「ぬいた指輪」のあとを「罪の」と形容する、普通の他人妻の精神《こころ》の形を示したあとの「かんでください」とせめてもの逃げ道を見つける、微妙な女心。それに対する男の気持は「愛しても」「燃えたって」「つくしても」という割合に当り前の詞《ことば》で「ああ他人の妻」と言い切ってしまう。男の単純さと言えようか。吉岡治は男だから、かえってこの単純さにリアリティを感じたのか。微妙な女心は吉岡治の女への憧憬なのか。

こうした複雑な男女の関係、心の綾を詠わせたら、吉岡治は絶品の詞を書く。昭和五十五年に都はるみが歌った「大阪しぐれ」（市川昭介曲）、六十一年に石川さゆりが歌った「天城越え」（弦哲也曲）など、まさにそれだ。

これを歌う大川栄策は艶（演）歌そのまま、という小節といささか大袈裟な思い入れたっぷりといった歌い方で、さざんかの宿に泊った二人の怨念と哀しさと喜びを込める。もし大下八郎のような歌い方だったら、ヒットしたかどうか。あるいは、春日八郎のスッとしたイメージの歌だったら、かえってより以上のヒットになったかもしれない、などと思ったりしてみる。

石川さゆりの歌った「風の盆恋歌」（なかにし礼詞、三木たかし曲）が平成元年六月に出た。ここに詠われている男女は、前の二曲とは異なり、どういう関係の「しのび逢う」仲なのかわからない。

一、蚊帳の中から　花を見る
咲いてはかない　酔芙蓉《すいふよう》
若い日の　美しい
私を抱いて　ほしかった
しのび逢う恋　風の盆

二、私あなたの　腕の中
跳ねてはじけて　鮎になる
この命　ほしいなら
いつでも死んで　みせますわ
夜に泣いてる　三味の音

三、生きて添えない　二人なら
旅に出ましょう　幻の
遅すぎた　恋だから
命をかけて　くつがえす

おわら恋唄　道連れに

「若い日の　美しい　私を抱いて」ほしいというからには、三十歳以上の女性か。となると人妻ということが考えられる。男の腕の中で「跳ねてはじけて　鮎になる」女の心と身体のあり様《よう》はよほどの昂揚ではある。押さえに押さえてきた官能の開放。しかし、それが許される仲ではない。「しのび逢う恋」「生きて添えない」と嘆き、命をかけて幻の旅に出よう、と決意する。

越中八尾《やつお》に伝わる小原《おわら》節を三味線の伴奏で一晩中唄い踊り歩く伝統芸能の〝風の盆〟。これは秘かに流して歩くのがもとの姿で、唄わず踊らない者はひっそりと部屋の中で過ごし、覗き見することさえも許さないものだったという。今、観光客で宿泊すら出来ないというのは、昔からの〝風の盆〟を知っている者にとっては、実は嘆かわしいことなのかもしれない。その哀調を帯びた歌と三味は、三番の結び「命をかけて　くつがえす　おわら恋唄　道連れに」という詞にふさわしい。中里介山作『大菩薩峠』に出て来る伊勢の「間《あい》の山節」の世界にも通ずる思いがするのだが。

夕べあしたの鐘の声
寂滅為楽《じゃくめついらく》と響けども
聞いて驚く人もなし

花は散りても春は咲く
鳥も古巣へ帰れども
行きて帰らぬ死出の旅

どうしようもなくなった人は「幻の旅」に出立《いでた》つのかもしれない。「この命　ほしいなら」いつ死んでもいい、男の腕の中で、女の生命《いのち》は最高潮に達したから。そして、二人手を取り合って出立つ。道連れは「おわら恋唄」だ。男への思いが純だから、女はそうせざるをえない。哀調切々たる小原節とともに往く男女《ふたり》。凄寥たる情景。

「旅の宿」はこの歌には詠われていない。しかし、男と女は越中八尾に旅している。小原節を聞きながら、二人だけの時を過している。その二人のたのしい筈の時を詠っているのに、こんなに苦しい歌はない。

許されざる男女《ふたり》の「旅の宿」は、そういうものなのかもしれない。そこで過ごす男女《ふたり》の姿を詠うのが、流行歌だ。それを我がものとして歌うのが、流行歌手だ。

「旅の宿」は、しのび逢う男女の悲哀を詠う流行歌の恰好の場なのだ。そこには男女《ふたり》の究極の形が露呈される。そこが、流行歌としての見せ場となる。三階席の見巧者（聞き巧者）から、掛け声がかかる。

女の恋の形

旅の宿での男と女の恋は、時に激しく、時にデカダンな姿を見せる。恋の形は、それぞれで、百人百色、そして男と女では、その姿形が異なっている。男は肩肘張っている。それに対して、女は実に様ざまな姿を見せてくれる。だからこそ、女の恋が流行歌に詠われる。「おんなの宿」も「さざんかの宿」も哀しい男と女の心がしめやかに描かれている。ここでは女の恋を見てみよう。

旅に出るのではなく、共に枕を交わす場所として、いわゆるラブホテルがある。下司な言い方をすると連れ込み宿（温泉マーク、逆さくらげなども言われた）。こうした宿は江戸時代から町場にはあった。待合といわれるのがそれだ。テレビの時代劇で秘密めかしく左右を見て顔を袖で隠して待合の門を入る町娘の姿は、ちょっと艶めかしいものだ。そのラブホテルでの男女のというより女の視点から詠った歌がある。そのものずばりの「ホテル」（なかにし礼詞、浜圭介曲、島津ゆたか歌）だ。

一、手紙を書いたら　叱られる
　電話をかけても　いけない

ホテルで逢って　ホテルで別れる
小さな　恋の幸せ
ごめんなさいね　私見ちゃったの
あなたの黒い電話帳
私の家の電話番号が　男名前で書いてある
＊奪えるものなら　奪いたいあなた
そのために　誰か泣かしてもいい
奪えるものなら　奪いたいあなた
一度でいいから　あなたの肌に
爪を立てたい＊

二、あなたは私の　宝もの
私はあなたの　何なの
ホテルで逢って　ホテルで別れる
小さな　恋のお相手
ごめんなさいね　私見ちゃったの
あなたの家の日曜日

あなたは庭の芝を刈っていた
奥で子供の声がした
奪えるものなら　奪いたいあなた
そのために　誰か泣かしてもいい
奪えるものなら　奪いたいあなた
一度でいいから　あなたと街を
歩いてみたい

＊繰り返し＊

何も付け加えることはないだろう。妻子ある男との恋。狭いホテルでの短い逢瀬《おうせ》。それも誰かに見つけられるのを怖れるように、ホテル以外で逢う事はない。女の家の電話番号は誰か知らない男名前で手帳に記してある。携帯電話のなかった頃の、実にリアルな詞だ。日曜日の彼は女の前の顔とは全く異なった、夫の顔、父の顔を見せている。そんな理不尽な恋は願い下げにすればいいのに、女にとって彼は何にも替えがたい。なんとかして奪いたい。あの妻の座に安住している相手や幸せそうな子供たちを泣かしても、私だけのものにしたい。気をつかわずに心から抱き合いたい。

手帳を見た時の女の気持も、彼の家を覗き見た時の女の哀しみも、この歌には一言も書かれていない。見たことを「ごめんなさいね」と謝っているだけだ。単純で複雑な、そして複雑で単純な女心。だからこそ「奪えるものなら」以後の詞《ことば》に迫力が出てくる。なかなかし礼の絶唱だと思う。

「ホテル」の己を押し殺している女とは正反対に、男に思いをぶつける女を詠ったのが、「天城越え」（昭和六十一年、吉岡治詞、弦哲也曲、石川さゆり歌）だ。

一、隠しきれない　移り香が
　いつしかあなたに浸みついた
　誰かに盗《と》られるくらいなら
　あなたを　殺していいですか
　寝乱れて　隠れ宿　九十九折《つづらお》り　浄蓮の滝
　舞い上がり　揺れ堕ちる肩のむこうに
　あなた…山が燃える
　何があっても　もういいの
　くらくら燃える　火をくぐり
　あなたと越えたい　天城越え
二、口を開《ひら》けば　別れると

刺さったまんまの　割れ硝子
ふたりで居たって　寒いけど
嘘でも抱かれりゃ　あたたかい
わさび沢　隠れ径　小夜《さよ》時雨《しぐれ》　寒天橋
＊恨んでも　恨んでも　軀《からだ》うらはら
あなた…山が燃える
戻れなくても　もういいの
くらくら燃える　地を這って
あなたと越えたい　天城越え＊
走り水　迷い恋《ごい》　風の群れ　天城隧道《ずいどう》
＊繰り返し＊

「さざんかの宿」で吉岡治について書いたが、女の微妙な心の襞を詠わせたら当代一と言ってもいいだろう。

天城峠をあなたと二人で越えて新しい世界へ行きたい女の溢れるような、とどめることの出来ない、激しい思いの丈をぶつける言葉が連なっている。「誰かに盗られるくらいなら　あなたを　殺していいですか」「何があっても　もういいの」「恨んでも　恨んでも軀うらはら」「戻れなくても　もういいの」、なにげなく聞くとあまりに投げ遣りな、あるいは男への脅迫、あるいは激しい恋心、という単純な女の姿に思われる詞だ。しかしよくよくみてみると、女の心の襞にしみついた、いや、刻み付いた、男への限りない、果てしない、歓びと苦しみと悲哀《かな》しみとが籠っている。こんなに女の男に対する激情をぶつけた詞を、ぼくはしらない。

昭和四十七年五月、梅雨前に出た「雨」（千家和也詞、浜圭介曲、三善英史歌）は、あまりにひっそりと男への想いを胸に秘めて待つ女を詠っている。

一、雨にぬれながら　たたずむ女《ひと》がいる
　傘の花が咲く　土曜の昼下がり
　約束した時間だけが　身体《からだ》をすりぬける
　道行く人は誰一人も　見向きもしない
　恋はいつの日も　捧げるものだから
　＊じっと耐えるのが　つとめと信じてる
二、雨にうたれても　まだ待つ人がいる
　人の数が減る　土曜の昼下がり
　約束した言葉だけを　幾度もかみしめて

追い越す人にこづかれても　身動きしない
恋はいつの日も　はかないものだから
＊繰り返し
約束した心だけが　涙によみがえる
見知らぬ人が哀れんでも　答えもしない
恋はいつの日も　悲しいものだから
＊繰り返し

「天城越え」の女とのあまりの違いにおどろく。ただただ「じっと耐えるのがつとめと信じて」いる女は、今どき日本中どこを捜してもいはしないだろう。この歌がヒットした頃でも、同じではなかったろうか。しかし、この歌を歌った三善英史が、渋谷宇田川町の芸者の子供だということと、その見かけのか弱さと繊細な顔つき、そのうえ男声としては高すぎるくらいな透き徹った歌声で、いかにもこういう女性はいるだろう、いやいてほしいという男の願望で、ヒットしたのだろうか。そして、いわゆる流行歌の曲調とは異なる、高音の不安定な印象を与えるところから歌い出される曲も、そのヒットに貢献したのかもしれない。

もう一つの恋の形。昭和三十五年四月に出た「アカシヤの雨が止む時」（水木かおる詞、藤原秀行曲、西田佐知子歌）がそれだ。

一、アカシヤの　雨に打たれて
このまま　死んでしまいたい
夜が明ける　日が昇る
朝の光のその中で
冷たくなった　私を見つけて
あのひとは　涙を流して　くれるでしょうか

二、アカシヤの　雨に泣いてる
切ない胸は　わかるまい
想い出の　ペンダント
白い真珠の　この肌で
淋しく今日も　暖めてるのに
あのひとは　冷たい眼をして　どこかへ消えた

三、アカシヤの　雨が止む時
青空さして　鳩がとぶ
むらさきの　はねのいろ

それはベンチの　片隅で
冷たくなった　私の脱けがら
あのひとを　探して遙かに　飛び立つ影よ

この歌が出たのは、いわゆる六〇年安保の騒動がピークに達する直前だった。そしてあの六月十五日、デモ隊の国会突入、樺美智子さんの死と、センセーショナルに報道され、安保自然承認となり、盛り上がった反対運動は、風呂の栓を抜いたように消えていった。そのあとには、取り返しのつかない挫折感と倦怠感が拡がっていったように見えた。そこに、この「アカシヤの雨がやむ時」が浸入した。西田佐知子の、低くちょっと鼻にかかった気怠い歌声が、人々の少しばかり頽廃的な気分にフィットしたのだろう。安保反対運動に敗れた（と思っている）人たちは、「俺たち、私たちの歌」と思うようになった。そしていまだに、ぼくに言わせればそのような奇妙な意味が、この歌には付加して伝わってきた。もちろん受け手はどのように感じ、どう思ったとてかまわない。しかし、単純に一人の女の失恋の歌として、じっくりと聞いたり歌ったりしてみたい、いや、してほしい。

アカシヤの咲く頃、静かに降る雨の中、一人そっと死んでいきたい女。この私の気持など、あの人は分からないだろう。分かろうともしないにちがいない。いえ、雨に濡れそぼっている私の亡骸《なきがら》など、見向きもする筈がない。それでも、死んだ私は、私を捨ててどこかへ行ってしまい、今や私のことなどこれっぱかりも思っていないに違いないあの人を捜しに飛び立っていくわ。

「夜が明ける　日が昇る」アカシヤの下に横たわる「冷たくなった私」と「青空さして飛ぶ鳩」、それは「私の脱けがら」と「飛び立つ影」という二つの対比の提示。この陰と陽は、それまでの流行歌には無いものだった。陽のところは曲もそれにふさわしく明るく、明日へ向かって空を見あげて、といった雰囲気だが、陰の箇所に来ると、次第に「淋しく」なり「冷たく」なり、陰鬱になってくる。そして、スーッと地面に吸い込まれるように終る。恋を失った女のどうしようもない、やりきれない苦しさと哀しさが、この陰と陽の詞と相俟《あいま》って、倦怠感を思わせる歌い方とで、聞き手にこれでもか、と押し寄せる。前にも書いたことだが、流行歌のもっとも良い形である詞と曲と歌手の絶妙な一体感、三位一体とも言うべき姿を、「アカシヤの雨が止むとき」は示してくれた。

　別れた男への思いを一人胸に抱き、戻っては来ないと知りながら折あらばまた逢いたい、と思っている、見方によっては可憐な、場合によっては執拗《しつこ》い女という微妙な失恋した女の心の裏《うち》を詠っている。それも、直接的な詞ではなく、すべて諦めたような言葉を連ね、その奥に女の秘かなそれでいて確かな想いを込める。この二重、三重に作られた詞の故だろう、安保闘争に挫折した人たちの心に染み入ったのは。

この歌は「恋の形」というにはちょっと無理があるかもしれない。しかし、失恋の後にその相手の男への切ないほどの恋心を持ちつづける女の姿は、やはり一つの恋の形と言えよう。同じ水木かおる作詞、藤原秀行作曲、西田佐知子が歌った「エリカの花散るとき」（昭和三十八年）も、失恋した女の別れた男への思いを詠ったものだ。この歌は、B面の歌だったが、こちらの方がヒットし、西田佐知子にとっては「アカシアの雨が止むとき」と匹敵するほど重要な歌になったようだ。

恋の形は、いってみれば、実際の恋の数だけあるのだから、切りが無い。しかし、流行歌の恋の形は、それらの典型と言えるだろう。だから、聞き手に、あれもこれも自分と同じ失恋だ、私と同じあの人への想いだ、などと、素直に受け入れられる。

それにしても、女心の芯に辿り着くことはそう簡単に出来るものではない。だからこそ、女の視点からの恋の姿が、流行歌という大衆的な歌によって詠われつづけるのだ。

故郷

昭和三十年から数年間、春日八郎の「別れの一本杉」をはじめとして、農村、というより故郷と都会の関わりというか、故郷を懐かしむ調子の歌が多くつくられた。戦後十年、都会に仕事や夢を求めて出て来た人たちが、そろそろその場に落ちつきを見出したり、逆に挫折して帰郷したくてもなかなか帰れない、といった状況が出てきた頃だったろう。

まず三橋美智也の「リンゴ村から」（昭和三十一年、矢野亮詞、林伊佐緒曲）。

一、おぼえているかい　故郷の村を
　便りも途絶えて　幾年《いくとせ》過ぎた
　都へ積み出す　真赤なリンゴ
　見る度《たび》辛《つら》いよ　俺《おい》らのナ俺らの胸が
二、おぼえているかい　別れたあの夜《よ》
　泣き泣き走った　小雨のホーム
　上りの夜汽車の　にじんだ汽笛
　切なく揺《ゆす》るよ　俺らのナ俺らの胸を

三、おぼえているかい　子供の頃に
　二人で遊んだ　あの山小川
　昔とちっとも　変っちゃいない
　帰っておくれよ　俺らのナ俺らの胸に
上りの夜汽車の汽笛が、小雨のホームににじんで流れる。二番のこの部分が、この歌の眼目だ。
この歌と前後して青木光一の「早く帰ってコ」（高野公男詞、船村徹曲）が出た。
一、おふくろも親父も　みんな達者だぜ
　炉端かこんで　いつかいつしか東京の
　お前達《めえたち》二人の話に　昨夜《ゆんべ》も更けたよ
　早くコ　早くコ　田舎へ帰ってコ
　東京ばかりが　なんでいいものか
二、好きならば一緒に　連れてくるがいい
　どんな娘か　おらも兄なら見たいもの
　妹も嫁コにきまって　今年は行くだに
　早くコ　早くコ　二人で帰ってコ

幼なじみも　変りゃしないよ
三、あん時は別れが　辛くて泣いた駅
俺は馬っコの背《せな》で　手をふりさいならと
東京へ旅立つお前を　送っていったっけ
早くコ　早くコ　明日《あす》にも帰ってコ
親父めっきり　やせて老けたよ

この歌、春日八郎の「別れの一本杉」と同じ作詞・作曲者で、田舎（故郷）の良さを描くことに力を入れた二人だ。

「リンゴ村から」は出ていった恋人を想う男から、「早く帰ってコ」は東京に行った弟に向かって、故郷へ帰ってくるように呼びかけている。ともに故郷の懐しくたのしく素晴らしい様子を詠う。皆、お前の帰ってくるのを大きく手を拡げて待っている、二人で、家族で、昔と同じように暮らそう、と呼びかける。それは、目前の、いかにも人の心を誘うようなものに捉われるな、もう一度見直してみよう、という呼びかけだ。すなわち、豊かというのは、どういうことか、「東京ばかりが　なんでいいものか」「あの山小川　昔とちっとも　変っちゃいない」よ、幼い頃に遊び、その中で成長した故郷が、もっとも幸せな場所だぞ、という、私たちが忘れていた心の故郷を思い出させるものだ。

昭和三十二年から就職列車が運行され、中学高校卒の子供たちを東京へ集団就職のために送った。この頃から、故郷《くに》の人からのメッセージでなく、東京に出てきた者の視線の歌が出てくる。

三十二年に、島倉千代子の「東京だよおっ母さん」（野村俊夫詞、船村徹曲）、三橋美智也の「おさげと花と地蔵さんと」（東条寿三郎詞、細川潤一曲）、青木光一「柿の木坂の家」（石本美由起詞、船村徹曲）が、三十三年には、三橋美智也の「赤い夕陽の故郷《ふるさと》」（横井弘詞、中野忠晴曲）が出た。

これらの歌はすべて、故郷を懐しむ内容だ。けれど、帰りたいとは一言も言ってない。故郷《くに》の人たちは帰ってくるのを望んでいる。しかし出て行った人たちは、懐しいが帰る、とまでは思っていない。むしろ、懐しむことによって、東京（都会）での生活を充実させる手立てにしたい、といった感じだ。特に「東京だよおっ母さん」はそうだ。

一、久しぶりに　手をひいて
　親子で歩ける　嬉しさに
　小さい頃が　浮かんで来ますよ
　おっ母さん　ここが　ここが二重橋
　記念の写真を　とりましょうね

二、やさしかった　兄さんが
田舎の話を　聞きたいと
桜の下でさぞかし　待つだろ
おっ母さん　ここが　ここが九段坂
逢ったら泣くでしょ　兄さんも

三、さあさ着いた　着きました
達者で長生き　するように
お参りしましょよ　観音さまです
おっ母さん　ここが　ここが浅草よ
お祭りみたいに　賑やかね

東京に出て働いている娘を訪ねてきた（と思いたい。田舎から二人で東京見物に来た、とも考えられるが）母娘の東京見物。さりげなく田舎の様子を詠い込んでいる。「小さい頃が」「田舎の話」「お祭りみたい」という詞がにくい。三十二年は、まだ戦死した人たちへの肉親の想いが色濃く残っていた。だから「桜の下で」「九段坂」というだけで、靖国神社と九段千鳥ヶ淵の桜と、ほとんどの日本人が理解した。

東京目黒区に柿の木坂という地名がある。「柿の木坂の家」を聞いた時、最初に思ったのがそこだった。しかし「駅まで三里」ではないし「馬の市」も「村祭り」もなかったし、「機織り」をする娘などいる筈がないことに気がつき「柿の木坂」という何処にでもありそうな風情の詞《ことば》をもってきて、固有名詞風にあつかった、そういう歌だと、気がついた。一本、特に目に立つ柿の木のある坂、村のメイン通りかもしれない、そんな坂道は、田舎へ行けば、必ずある筈だ。それは、田舎から都会へ出て来た若者には、郷愁の想いを起こさせるに違いない。「別れの一本杉」もこの伝だ。それが作詞・作曲者の思いだった。

故郷を詠った歌には、故郷を出て来た人たちのノスタルジーを刺激する詞《ことば》が要所要所に嵌め込まれている。「真赤なリンゴ」「あの山小川」「炉端かこんで」「田舎の話」等々。「柿の木坂の家」で引用した詞《ことば》もそうだ。

昭和四十年前後、しばらく出ていなかった故郷を詠った歌が出た。三十九年にはあの集団就職の少年の心を詠った「ああ上野駅」、四十年には北島三郎が歌った「帰ろかな」が出た。「帰ろかな」は、坂本九の「上を向いて歩こう」(昭和三十六年)、ジェリー藤尾の「遠くへ行きたい」(昭和三十七年)、梓みちよの「こんにちは赤ちゃん」(昭和三十八年)などの作詞・永六輔、作曲・中村八大の名コンビが創った。

一、淋しくて　云うんじゃないが
帰ろかな　帰ろかな

故郷《くに》のおふくろ　便りじゃ元気
だけど気になる　やっぱり親子
帰ろかな　帰るのよそうかな
二、恋しくて　云うんじゃないが
帰ろかな　帰ろかな
村のあの娘《こ》は　数えで十九
そぞろ気になる　やっぱりほの字
帰ろかな　帰るのよそうかな
三、嬉しくて　云うんじゃないが
帰ろかな　帰ろかな
やればやれそな　東京暮し
嫁も貰って　おふくろ孝行
帰ろかな　迎えに行こうかな

故郷《くに》へ帰ってお袋孝行しようか、あの幼馴染と一緒になろうか。いや、こうして東京でようやく生活も軌道に乗ってきた、これならお袋とあの娘《こ》を呼んで東京暮らしをしようか。はじめての就職列車に乗って上京した中卒の少年が二十三、四歳になった昭和四十年、東京オリンピックの熱もそろそろ冷めて、それぞれの生活を見つめ直そうとする時期だった。集団就職で出てきた少年ばかりでなく、都会育ちの若者にとっても、この時代は、「帰ろかな」の主人公と同じような気持を抱いたと思う。実は、ぼくが、第一回就職列車に乗って東京へ来た中卒少年たちと同じ年齢なので、この歌から受けるものは強く、その感覚を、永六輔、中村八大は実に敏感に感じとり、ここに示したのだと思う。

そして、三番の結び。一、二番と違えて「迎えに行こうかな」としたのが、実に効果的だ。東京に根を張ろうか、という力を、若者たちが持ち始めたのだ。

岩手県陸前高田出身の千昌夫。高二の時、修学旅行中に抜け出て作曲家遠藤実を訪い、住込弟子となったという。「星影のワルツ」（昭和四十一年、白鳥園枝詞、遠藤実曲）がヒットし、第一線歌手となる。そして様々な話題になりながらも東北弁の抜けきらない話し方や風貌などから、朴訥な雰囲気を漂わせて、故郷を偲ばせる歌を数多く歌ってきた。「夕焼け雲」（昭和五十一年、横井弘詞、一代のぼる曲）、「北国の春」（昭和五十二年、いではく詞、遠藤実曲）、「味噌汁の詩」（昭和五十五年、中山大三郎詞曲）、「津軽平野」（昭和五十九年、吉幾三詞曲）などがある。「夕焼け雲」も「北国の春」も、「帰ろうか、どうしようか」という逡巡する気持を詠う。「北国の春」は有名なので、ここでは「夕焼け雲」を見てみよう。

一、夕焼け雲に　誘われて
別れの橋を　越えてきた
帰らない　花が咲くまで帰らない
帰らない　誓いのあとの　せつなさが
杏《あんず》の幹に　残る町

二、二人の家の　白壁が
ならんで浮かぶ　堀の水
忘れない　どこへ行っても忘れない
忘れない　小指でとかす　黒髪の
かおりに甘く　揺れた町

三、あれから春が　また秋が
流れていまは　遠い町
帰れない　帰りたいけど帰れない
帰れない　夕焼け雲の　その下で
ひとりの酒に　偲ぶ町

「帰らない」「忘れない」「帰れない」と変化する気持。「帰りたいけど帰れない」それは、

「花が咲くまで」は帰らないと誓って出て来た「杏の香る」町、「甘いかおり」のあの娘への手前、ひとりでその町と娘を偲んで酒を飲むしかない、それは誰が何と言おうと、今の自分の所為《せい》なのだ。花を咲かせることが、いまだに出来ない。何時になるだろう。早く帰りたい。大きな花束を抱えて。

「北国の春」の各連の終りは「あの故郷《ふるさと》へ　帰ろかな　帰ろかな」の繰り返しだ。もう故郷を出てから五年になるのだから、帰りたいに決まっている。それでも「帰ろかな?」とクエスチョン・マークを入れたニュアンスがこの詞《ことば》には窺える。

故郷を出て来た人たちには、この微妙な逡巡を、拭い去ることが出来ないのかもしれない。だからこそ、故郷を偲ぶ歌が、数多く創られるのだろう。

それにしても、何故、故郷を偲ぶ歌には、東北を詠ったものが多いのか。東京生まれ、東京育ちのぼくでさえ、そういう歌を聞くと懐しくなるのだから、実際に東京に出てきている人たちは、何にも代えられない懐郷の念を抱くに違いない。ただ、それは東京だからなのかもしれない。関西の人たちにとってはやはり東北は「道の奥」であって、むしろ四国、九州、中国地方を詠った歌に、郷愁を感じるのだろうか。たとえば、宮崎康平作詞作曲の「島原の子守唄」などの方が、懐しいのかもしれない。ぼくなどは、この歌に、エキゾチシズムに近いものを感じるのだが。流行歌とは、何とも不可思議なものではある。

母

「故郷《ふるさと》」というと「母」を連想する。それも、これぞ母！　という母だ。島倉千代子の「東京だよおっ母さん」は、母に関する形容句は一切書かれていないが、東京見物をしながら、故郷《くに》のこと、戦死した兄のことなどで、母への思いがありありと窺える。対して、父親のことになると、鳥羽一郎の「兄弟船」（昭和五十八年、星野哲郎詞、船村徹曲）は「熱いこの血はヨ　おやじゆずりだぜ」と、これが一つの典型を詠う。かと思うと「浪曲子守唄」（越純平詞曲・一節太郎歌・昭和三十八年）は、子供を残して逃げて行った女に未練はないと強がりを言う男の、一人での子育てを、浪曲という何とも日本的な媒体を利用して、いかにも流行歌らしく作った歌だ。だから、父の立場でありながら、出来上がっている一般的な母親のイメージに引っぱっていく（引っぱられていく）詞になっている。曰く、「お乳ほしがる　この子が可愛い」「どこか似ている　めしたき女　抱いてくれるかふびんなこの子」。

父を詠った歌は、このようにパターン化している。もちろん、母を詠った歌もそうだが、その中で、少しずつ異なった詞が詠まれる。

まず、「おふくろさん」(昭和四十六年、川内康範詞、猪俣公章曲、森進一歌)。

一、おふくろさんよ　おふくろさん
　空を見上げりゃ　空にある
　雨の降る日は　傘になり
　お前もいつかは　世の中の
　傘になれよと　教えてくれた
＊あなたの　あなたの真実　忘れはしない
二、おふくろさんよ　おふくろさん
　花を見つめりゃ　花にある
　花のいのちは　短いが
　花のこころの　潔《いさ》ぎよさ
　強く生きよと　教えてくれた
＊繰り返し
三、おふくろさんよ　おふくろさん
　山を見上げりゃ　山にある
　雪が降る日は　ぬくもりを

お前もいつかは　世の中に
愛をともせと　教えてくれた
＊繰り返し

母に対する思いと恩と懐かしさを、そのものずばりではない詞《ことば》を使って詠う。ここでは、母というもののいわゆるイメージから、一歩も出ていない。否定しているのではない。流行歌とはそういうものだ、と言いたいのだ。そして、森進一のカスレた、しかし非常に高い音域で歌われると、ズンッと引きこまれてしまう。だから、ヒットした。猪俣公章の繰り返し部の「真実」を「シ・ン・ジ・ツ」と一字一字しっかりと歌うように作った曲が、そのヒットに力をかした。流行歌の本質を充分に自らのものにしていた艶歌作曲家猪俣公章の名曲といえよう。

昭和三十八年、あの永六輔詞、中村八大曲になる「こんにちは赤ちゃん」を梓みちよが歌い、レコード大賞を受賞した。

こんにちは　赤ちゃん　あなたの笑顔
こんにちは　赤ちゃん　あなたの泣き声
そのちいさな手　つぶらな瞳
はじめまして　わたしがママよ

こんにちは　赤ちゃん　あなたの生命《いのち》
こんにちは　赤ちゃん　あなたの未来に
この幸福《しあわせ》が　パパの希望《のぞみ》よ
はじめまして　わたしがママよ

ふたりだけの　愛のしるし
すこやかに　美しく　育てといのる

こんにちは　赤ちゃん　お願いがあるの
こんにちは　赤ちゃん　時々はパパと
ホラ　ふたりだけの　静かな夜を
つくってほしいの　おやすみなさい
おねがい　赤ちゃん
おやすみ　赤ちゃん　わたしがママよ

はじめての子供を手に抱いた時の母の思いというのは、男のぼくにはわからない。永六輔は、男の立場で懸命に想像したのだろう。赤ちゃんの「笑顔」「泣き声」「ちいさな手」「つぶらな瞳」「生命」「未来」を示しながら、その様子が可愛いとか、うれしいとか言っていない。それは、赤ちゃんに対して、誰もが抱き持っているものを大切にしたい、という作詞家永六輔の熟慮の結果と思う。そうした形容句を入れると、赤ちゃんの姿が限定されてしまう。聞く人、歌う人それぞれの赤ちゃんへの慈しむ心を引き出し思い浮かばせることによって、この歌が多くの人に微笑みと喜びを与えたのだ。

「子供って、生まれて来てくれたことだけで親孝行だと思うの。この子の未来を考えるだけでうれしいし、幸福になるから」

ずいぶん前に妻が言っていたことを思い出した。

「こんにちは　赤ちゃん」。六回も出てくるこの詞《ことば》。しかし決して執拗《しつこ》くない。聞くうちに、歌ううちに、赤ちゃんを抱く母親の喜びが、聞く者、歌う者の心に滲み入ってくる。この歌が発表されるまで、赤ちゃんに対して「こんにちは」と挨拶するなど、思いもよらなかった。そして「はじめまして　わたしがママよ」と自己紹介することも考えられもしなかった。しかし、新しく母親となった女性の喜びをこれほど素直に伝える詞《ことば》はないではないか。舌を巻く思いだった。

こういう母の喜びの歌に対して、「花街の母」（もず唱平詞、三山敏曲、金田たつえ歌）、

「円山・花町・母の町」（神坂薫詞、浜圭介曲、三善英史歌）という花街の女を詠った二曲が、期せずして同じ昭和四十八年に出た。

子供のいることを隠し、作り笑顔で座敷をつとめる「花街の母」。これは特殊な例ではあるが、祝福されずにこの世に生まれてきた子供、母親として慈しみたいがそれが思いどおりに出来ない女。母親、父親による幼児虐待、殺人という事件があとをたたない現在、この二曲は、実に切実で、愛に満ちた歌だと思う。

一、他人《ひと》にきかれりゃ　お前のことを
　年のはなれた妹と
　作り笑顔で　答える私
　こんな苦労に　ケリつけて
　たとえひと間の　部屋でよい
　母と娘の　暮らしが欲しい
セリフ　いくらなじんだ水でも　年頃の娘のいる　左褄《ひだりづま》　住みにくうございます
　浮名を流した昔もありましたが
　ああ　あのひと　私を残して死んだ　あの人を憎みます
二、厚い化粧に　憂いをかくし

酒で涙をごまかして
三味にせかれて　つとめる座敷
あれが子持ちの　芸者だと
バカにされても　夢がある
それはお前の　花嫁姿
セリフ　女の盛りはアッという間です
　若い妓《こ》の時代　もう私はうば桜　出る幕ないわ
　でも　もう少し　この花街に　私を置いて下さい
　せめて　あの娘《こ》に　いい花婿が見つかりますまで
三、何度死のうと　思ったことか
だけど背で泣く　乳呑児の
声に責められ　十年過ぎた
宵に棲とる　女にも
きっといつかは　幸福《しあわせ》が
来ると今日まで　信じて生きた
金田たつえの絶唱だ。ちょっと引っかかるような声と歌い方で、子持ちの芸妓の心を歌った。しかしはじめは売れずに廃盤となり、カラオケのブームに乗って見直され、五十二年に再び発売され、二年後にヒットし、TVでもしばしば聞かれるようになった。

男の子を生んだ芸妓の歌「円山・花町・母の町」。円山の芸妓を母として生まれた私小説の主人公のような三善英史が歌う。

一、母になれても　妻にはなれず
　小さな僕を　抱きしめて
明日におびえる　細い腕
円山　花町　母さんの
涙がしみた　日陰町

二、母の姿を　島田で隠し
病気の僕を　家におき
作り笑顔で　夜に咲く
円山　花町　母さんの
苦労がしみた　日陰町

三、母と言う名の　喜びさがし
静かに僕を　見る目には

縋りつくよな　夢がある
円山　花町　母さんの
願いがしみた　日陰町

「円山　花町　母さんの……日陰町」のリフレーンで、より以上の悲哀を詠い伝える。「雨」の時にも書いたが、三善英史の高い声が、悲しみを際立たせる。

母への思いは、一言で言いあらわせるものではない。多くの思いを一つ乃至二つ取りあげて一曲の歌に創り上げる。だから、母を詠った歌はさほど多くはないのだが、すべて異なった姿を見せてくれる。それが、流行歌好きにはたまらない。

昭和五十四年、「おやじの海」（佐藤達雄詞曲）が出ている。歌った村木賢吉は、おそらくこれ一曲がヒットしただけだったたろう。

ここに出てくるのは、「汐のにおいが　はだ身にしみた」「入道雲がヨー　どこか似ている」おやじであり、「右に天蚕《てぐす》を　左で櫓漕ぎ　つらい漁師に　耐えてきた」おやじの姿だ。この詞も典型のおやじの姿を詠っている。ところがこの歌の六年前、昭和四十八年に「母に捧げるバラード」が出た。武田鉄矢作詞で、その武田をリーダーとする海援隊が作曲し、武田と海援隊が歌う。ただし歌は、

今も聞える　あのおふくろの声
ぼくに人生を　教えてくれた
やさしい　おふくろ

だけを、それも二回繰り返すだけ。まず、「お母さん、今ぼくは思っています」という言葉からセリフが始まり、お母さんは「何から何まで故郷そのもの」と言い、聞こえてくるお母さんの声として、歌われるのが一回目。それからタバコ屋の息子タケダテツヤの駄目さが母の言葉で語られる。最後に、人の世に出たら働け、そして「日本の星となって帰ってこい」と送り出されたテツヤの心の吐露として、歌で締めくくる。そのセリフは、博多弁だが、他の地方の人にも解りやすい共通語に近づけている。しかしこのセリフ、物語のように書かれていて長い。歌というより語りと言った方が、この歌のスタイルを示している。その形もだが、内容でヒットした。「おふくろさん」とも「東京だよおっ母さん」とも、他の母を詠った歌とも異なったユニークな母親像が、その第一の理由だったろう。これ以後、こうした歌は出ていない。

この歌の四年前、昭和四十四年三月、寺山修司主催の演劇集団天井桟敷の本拠地が、渋谷に落成した。その月、天井桟敷のスター、カルメン・マキの歌で、寺山修司詞、田中未知曲の「時には母のない子のように」が出た。

一、時には　母のない子のように
だまって　海をみつめていたい
時には　母のない子のように
ひとりで旅に　出てみたい
＊だけど心は　すぐかわる
母のない子に　なったなら
だれにも愛を　話せない＊
二、時には　母のない子のように
長い手紙を　書いてみたい
時には　母のない子のように
大きな声で　叫んでみたい
＊繰り返し＊
時には母のない子のように……

はじめて聞いた時、実際に母親のいない子供に対する思いやりがないと、反感をもった。ただ、カルメン・マキの美形でありながらあらゆる物事に敵対しているようなふて腐れた顔つきで、少し嗄《しわが》れた声で投げやりに歌われると、繰り返し部で寺山が言いたかった事が、割合に単純な曲に乗ってジーンと伝わってきたものだった。母への屈折したオマージュと言っていいだろう。〝母〟は子供の思いの行きつくところだ。母がいるから、海をみつめない、ひとりで旅に出ることはない、長い手紙も書かない、大声で叫ぶこともない。それは、すべて母が大きく腕を拡げて豊かな胸と心で受けとめてくれる、だからついつい甘えてしまうからだ。

しかし、この歌のこの子は、実は母のいない子だ。その心の裏がえしのように、この詞が出てきた。二重三重に裏のある詞だ。いかにもフィクション作家寺山修司の作詞ではないか。そして、歌い手だ。

そう考えると、最初に言った「母親のいない子供に対する思いやりがない」というのは実はまったく見当はずれな反感だったことになる。この歌だけで寺山修司を云々することは出来る筈ないけれど、寺山論の一つの大きなファクターと考えていいだろう。

昭和五十二年、吉幾三という奇妙な名前の男が「俺はぜったい！　プレスリー」という自らを戯画化した歌で登場した。七回出てくる「田舎のプレスリー」の詞《ことば》が何ともおかしかった。その後しばらく消えていたが、八年後の五十四年「俺《おら》東京さ行ぐだ」で帰ってきた。作詞作曲歌の三役で。この歌も田舎をカリカチュアライズしたもので、同じ年に千昌夫に書いた「津軽平野」を想像することなど、まったく出来ないものだった。しかし、その後、彼は北国の風物と人々をしっとりと詠い、吉幾三の型を創り出した。その最初が、この「津軽平野」だ。冬の間に出稼ぎに行った親父《おとう》を待つ津軽の家族を詠った歌だ。三番で、もうすぐ帰る父を待つ母を詠う。

山の雪どけ　花咲く頃はよ
かあちゃん　やけによ
そわそわすネー

かあちゃんの姿が目に見えるようだ。これは、一緒に待つ子供たちの暖かな心でもある。
そして六十二年の「ふるさとワルツ」（吉幾三詞曲歌）は故郷を遠く離れた若者の望郷を詠った。これも三番、

渡り鳥　ビルの谷間を
ふるさとへ帰る
母に似た女《ひと》をみつけて
駆け寄ってみたよ
年老いて　髪の毛も
白く染まっただろ

夕暮れの街角で　ふるさとワルツ

と、母を詠う。「ふるさと」と平仮名で表記し、一ヵ所「故郷ことば」と漢字を使ったところがあるが、これは「くに」と読ませる。生まれ故郷は、平仮名のように、母のように優しく、麗わしく、愛《かな》しいものなのだ。母に似た人を追いかけるビルの谷間、この若者のどうしようもない都会での暮らしが、この三番だけで見えてくる。一番二番ときて、最後に締める。これが流行歌だ。

さて「母」の最後、すなわちこの稿の最後は「吾亦紅《われもこう》」を挙げる。

マッチを擦れば　おろしが吹いて
線香がやけに　つき難《にく》い
さらさら揺れる　吾亦紅
ふと　あなたの　吐息のようで…
盆の休みに　帰れなかった
俺の杜撰《ずさん》さ　嘆いているか
あなたに　あなたに　謝りたくて
仕事に名を借りた　ご無沙汰

あなたに　あなたに　謝りたくて
山裾の秋　ひとり逢いに来た
ただ　あなたに　謝りたくて

小さな町に　嫁いで生きて
ここしか知らない　人だった…
それでも母を　生き切った
俺、あなたが　羨ましいよ…
今はいとこが　住んでる家《うち》に
昔みたいに　灯りがともる
あなたは　あなたは　家族も遠く
気強く寂しさを　堪《こら》えた
あなたの　あなたの　見せない疵《きず》が
身に沁みて行く　やっと手が届く
ばか野郎と　なじってくれよ

親のことなど　気遣う暇に
後《あと》で恥じない　自分を生きろ
あなたの　あなたの　形見の言葉
守れた試しさえ　ないけど
あなたに　あなたに　威張ってみたい
来月で俺　離婚するんだよ
そう、はじめて　自分を生きる

あなたに　あなたに　見ていて欲しい
髪に白髪が　混じり始めても
俺、死ぬまで　あなたの子供…

平成十九年、ちあき哲也作詞、杉本真人作曲で、作曲者が、すぎもとまさと名で歌った。そしてその年の紅白歌合戦に出場した。昭和二十四年生まれ、五十八歳の歌手すぎもとまさと初出場ということで話題になった。白髪のおじさんが、ギターの弾き語りで歌った姿は長い紅白歌合戦の歴史の中でも珍しいものだった。

普通の流行歌と異なるのは、普段話す時でも使わない言葉が二つ出て来ることだ。一つは「杜撰」、一つは「なじって……」。

「杜撰」は知らないとトセンと読んでしまいかねない。中国宋の杜黙《ともく》という人の詩は律に合わないことが多かったという故事が基になった語で、「粗末」「いい加減」という意。

「なじる」は、〝詰る〟と書き、「責め問う」「問いつめる」の意。難読漢字の一つとして、漢字クイズに出たりする。

流行歌にまったく使われることのない二つの言葉が出てくる「吾亦紅」、そういえばこの題名も難読漢字だが、ヒットした。特に、中年以上の男性が、覚え、カラオケでも時々歌う。けれど、なかなか上手く歌う人はいない。

歌い出しの「マッチを擦れば」はちょっと唐突でリスナーを驚かせる。しかしそれがあとにつながっていく。「おろし」は、山から吹きおろす風のこと。赤城おろし、六甲おろしなど、漢字は〝颪〟。この語も聞き慣れない。

中年に足を踏み入れるか入れないかの男が、久しぶりに一人で故郷《ふるさと》に帰って来、母の墓参りをする。自分の生き方に大きく影響を与えて逝った母の姿。その母に、この歌の中では一回も「お母さん」と呼びかけない。すべて「あなた」だ。これが、恥を知る中年男性の心に響き染み入った。「あなた」は十八回出てくる。それでも煩わしくない。これを「お母さん」とか「母さん」とか言われたら執拗《しつこ》くてたまったものではないだろう。流行歌だけの問題ではない。言葉をもって表現する者の心しなくてはいけないものだ。

　現代の若い母、幼稚園や小学校の母親同士を〝ママ友〟などと呼びあう母でなく、静かに我が立ち位置を認識し、決して押しつけでなく、しかし確たる影響を与えた日本の〝母〟への限りない憧れと懐しさと讃《ほ》め詞《ことば》と、その母を持った子供の嬉しい悦びが詠われている。だから、当然なことではあるが、あらためて「俺、死ぬまで　あなたの子供」と言う。言いたくなる。これを最後に記さずにいられなくなる。粛然《ひっそり》と野に咲く吾亦紅。しかしその姿は凛としている、毅然《きぜん》としている。蹶然《けつぜん》としている。それが母である〝あなた〟だ。

「小さな町に　嫁いで生きて　ここしか知らない　人だった　それでも母を　生き切った」のが、我々の母だ。だから「俺、あなたが　羨ましいよ」となるのだ。ようやく対等に近く対《むか》えるようになった母、それで「あなたの　あなたの　見せない疵が　身に沁みて行く　やっと手が届く　ばか野郎と　なじってくれよ」と俺は言えるようになった。傍点の詞が重い。その母とかつて共に住んでいた家には、今いとこが住んでいて、あの頃と同じように明りが灯っている。おろしが吹いて線香につきにくかったマッチの火が、いまも点っている家の灯と対応して暖かい。

　そして母の形身の「後で恥じない　自分を生きろ」の言葉に対して、ようやく離婚することで「はじめて自分を生きる」と言うことができた。離婚はいわば負の行為だけれど、今、ここでの「俺」にとっては、正なのだ。いかに今までを成り行きで生きてきたか、ということでもある。そこに思いいたった時に到りついたのが、締めの詞「俺、死ぬまで　あなたの子供」だった。

この詞には、普通の流行歌にはない読点が三ヵ所に出てくる。「俺、」「そう、」「俺、」だ。歌手が歌う歌を聞く人にとって、この読点は不要だ。大体流行歌は読むものではない、いわゆる詩ではない。では何故読点がつけられたのだろう。ぼくの勝手な考えで言うと、歌い手への作詞家の思いの伝達だと思う。ここで、歌い手は俺の思いを、一瞬、立ち止まって、考えてほしい、ということではないだろうか。こんな詞を、ぼくは他に知らない。この読点の解釈次第で、まったく異なった歌になる可能性がある。

そして、これはまた、作曲家への挑戦でもあるのだ。

この曲はいわゆる四七抜きではない。しかし、これまで見てきた流行歌の中で、もっとも流行歌らしい流行歌だと、思う。故郷、母、愛、死、ほとんどすべて（酒は無いが）がこの詞には入っている。繰り返しの妙も味わえる。そして、ただ項垂《うなだ》れているだけでなく、未来への道を用意している。

美しく、哀しく、勁《つよ》く、そして愛しい日本の母がいる。

あとがき

流行歌の歌詞だけを、勝手に云々するつもりで書き始めた。一応まとめてみると、実に簡単な形ではあるが、戦後昭和史のようなものが、ほの見えてきた。随分自分流な選択をしたのに、流行歌を考えると、自ずとこういうものになるのだと、初めて知った。

ここにとりあげた数十曲だけで流行歌を考えたということにはならない。石原裕次郎、フランク永井、松尾和子、北島三郎、小柳ルミ子、小林幸子、大月みやこ等々、ずいぶん触れなくてはならない歌手の歌がまだまだある。しかし、この辺でとりあえず終えておこう。はじめは実に単純で、「思い出ぼろぼろ」と「港町ブルース」の二曲の詞に秘められた（とぼくは思った）何かすごいものがあるに違いない、というのが執筆の発端だった。結果、このような姿となった。そして、流行歌の詞が、こんなにも豊饒だったとは、書き始める前に感じていた以上のものだった。

そして、流行歌の詞は、あくまで「詞」であって「詩」ではない。英語でも poem ではなく、word だ。〝純〟と頭に付くものは詩であって、それを創っている人たちからは、どこかで蔑まれてきた作家たちが、生命を賭して創ってきた、それが、字間、行間に輝っていた。ぼくの師の歌人・都筑省吾先生がいつも言っていた言葉どおりだった。

「流行歌の作詞家も、我々歌人や、詩人たちと同じに生命を賭けて創っているんだよ」

先生のこの言葉を、こうして確信を持って実感できたことは幸せだった。

戦後の欠けたところはさておき、流行歌の発端とも言うべき「君恋し」（時雨音羽詞、佐々紅華曲、二村定一歌）、「東京行進曲」（西条八十詞、中山晋平曲、佐藤千夜子歌）から戦争中の兵隊ソングと言われる曲までを書きたいと今考えている。実に恣意的なものにはなるだろうが、一応それで昭和レコード流行歌史がまがりなりにも形をなすだろうと思う。


この文章の原型は、都筑省吾先生が、窪田空穂先生（歌人・国文学者・早稲田大学教授）のもとで大正十四年に創刊した短歌結社誌「槻の木」に連載したものだ。それに歌詞をすべて入れ、改稿して仕上げた。先生が亡くなられたあとの「槻の木」代表の来嶋靖生さんにお礼を申し上げる。

連載中、多くの助言をして下さった高校からの、そして河出書房新社、木挽社の、また「槻の木」の先輩でもあった藤田三男さんに心からのお礼を申し上げる。藤田さんとのおつきあいも六十年になった。

また、こころよく出版を引き受けてくれた田畑書店社長の大槻慎二氏に謝意を表したい。

そして校正は、友人で、もっとも信頼する二人の校正者、國井龍さん、田辺志南子さんが見てくれた。君の本だもの、読まないわけにはいかないよ、と二人は言ってくれた。嬉しいとか、有難いとかいった出来合いの言葉では言い表せない。有難う!

参考資料は本文に引用した以外を左記する。いずれにも、多くのことを教えて貰った。心から感謝する。

「流行歌の世界」(安倍寧著・東亜音楽社)、「流行歌の秘密」(加太こうじ・佃実夫編・文和書房)、「あゝ東京行進曲」(結城亮一著・河出書房新社)、「現代日本の詩歌」(吉本隆明著・毎日新聞社)、「創られた『日本の心』神話――『演歌』をめぐる戦後大衆音楽史」(輪島裕介著・光文社)、「流星ひとつ」(沢木耕太郎著、新潮社)

久米勲（くめ　いさお）
1941（昭和16）年、東京に生まれる。1964（昭和39）年、早稲田大学文学部国文学専修卒、河出書房新社入社。日本文学関係書籍、および雑誌「文藝」の編集に携わる。1979（昭和54）年、退社。編集事務所木挽社設立に参加。1982（平成4）年、退社。以後、フリー。2002（平成14）年より2009（平成21）年まで、青山学院女子短期大学にて講師。著書「不敗の極意『五輪書』を読む」他。

田畑書店

流行歌の情景
歌詞が紡ぎだすもの

2019年9月15日　第1刷印刷
2019年9月22日　第1刷発行

著者　久米 勲

発行人　大槻慎二
発行所　株式会社　田畑書店
〒102-0074　東京都千代田区九段南3-2-2　森ビル5階
tel 03-6272-5718　fax 03-3261-2263

著者自装
カバー写真　久米たかし
本文組版　田畑書店デザイン室
印刷・製本　中央精版印刷株式会社

Jasrac　出　1910594-901

ISBN978-4-8038-0368-6 C0295
定価はカバーに印刷してあります。
落丁・乱丁本はお取り替えいたします。